GRUNDLAGEN UND GEDANKEN ZUM VERSTÄNDNIS
DES DRAMAS

Für den Schulgebrauch zusammengestellt

SOPHOKLES: ANTIGONE

Von

NORBERT ZINK

VERLAG MORITZ DIESTERWEG

Frankfurt am Main · Berlin · München

6383

Die Reihe wird herausgegeben von Hans-Gert Roloff.

ISBN 3-425-06383-9

3. Auflage der Neufassung 1980

© 1974 Verlag Moritz Diesterweg GmbH & Co., Frankfurt am Main.
Alle Rechte vorbehalten. Die Vervielfältigung auch einzelner Teile, Texte oder
Bilder — mit Ausnahme der in §§ 53, 54 URG ausdrücklich genannten Sonderfälle
— gestattet das Urheberrecht nur, wenn sie mit dem Verlag vorher vereinbart wurde.

Druck: Hugo Haßmüller, Frankfurt am Main
Bindearbeiten: Adolf Hiort, Wiesbaden

Inhalt

Vorwort	4
I. Allgemeine Grundlagen	5
1. Entwicklung der griechischen Tragödie	5
2. Die antike Tragödie und die Musik	6
3. Die Lehre von der Wirkung der Tragödie	6
4. Form und Ausdruck	7
5. Stoff	8
6. Die erste Aufführung	8
II. Wort- und Sachkommentar	9
III. Aufbau und Gestaltung	12
1. Vorgeschichte	12
2. Gang der Handlung	13
3. Struktur	43
IV. Gedanken und Probleme — Aspekte der Deutung	46
1. Überblick	46
2. Dokumentation	47
V. Die Bearbeitung des Antigonestoffes	55
1. Euripides	55
2. Racine, Opitz, Hölderlin	56
3. Der Antigone-Stoff im 20. Jahrhundert	58
a) Dramen	58
b) Vertonung von Carl Orff	64
c) Prosabearbeitungen	65
VI. Theater	77
1. Das antike Theater	77
2. Zur modernen Aufführung antiker Tragödien	78
3. Aufführungen (Dokumentation)	80
VII. Literaturverzeichnis	92

Vorwort

Wie bei „Sophokles, König Ödipus" (in der gleichen Reihe erschienen) liegt die Intention des vorliegenden Heftes darin, das Material für die Interpretation der „Antigone" neu vorzulegen. Auch hier ist eine gewisse Linie angestrebt, die den Auffassungen und Ansichten des Verfassers entspricht. Er orientiert sich insbesondere an den Aspekten der Deutung, die Gerhard Müller neu gesetzt hat.

Für die Zitate aus dem Sophoklestext wurde die Übersetzung von Karl Reinhardt herangezogen (Fischer, Exempla Classica 81: Sophokles, Die Tragödien bzw. Sophokles, Antigone, übersetzt und eingeleitet von Karl Reinhardt, Kleine Vandenhoeck-Reihe 116/117, zweisprachig). Die Verszählung erfolgt nach der zuletzt genannten Ausgabe.

Kaiserslautern, im Juni 1972

Norbert Zink

Vorwort zur 2. Auflage

Die 2. Auflage ist durch einen neuen Interpretationsansatz von Harald Patzer (S. 47, 53) ergänzt.

Kaiserslautern, im Dezember 1976

Norbert Zink

Vorwort zur 3. Auflage

Die Aspekte der Deutung werden durch die politisch-gesellschaftliche und historische Sehweise erweitert.

Kaiserslautern, im Mai 1980

Norbert Zink

I. Allgemeine Grundlagen[1]

1. Entwicklung der griechischen Tragödie

Die griechische Tragödie war Teil staatlichen Kultes. In einer Kultfeier für den Gott Dionysos, am staatlichen Dionysosfest, wurde sie aufgeführt. Die Basis des Materials zur Rekonstruktion der Entwicklung ist schmal. Mit einiger Sicherheit läßt sich sagen, daß ungefähr um 600 v. Chr. ein Gesangsmeister und Dichter aus Methymna auf Lesbos namens Arion die griechische Tragödie bewußt geschaffen hat. Der Tyrann Periander holte ihn in die Stadt Korinth. Arion hat dort im neuen kultischen Bereich drei dionysische Liedgattungen eingeführt: den Dithyrambos, die Satyrchöre und die Urtragödie, wobei letztere Liedform neu geschaffen ist.

Der Dithyrambos war vor Arion ein Loblied auf Dionysos in schlichter Form. Einem improvisierenden Vorsänger antwortete die Kultgemeinde mit einem rituell-formelhaften Götteranruf. Arion gab dem urtümlichen Gesang eine neue, verfeinerte Form und schuf eine hymnische Dichtung, eine Art Chorballade mit anspruchsvollerem Inhalt, einer Erzählung aus der Heroensage. Thematisch dürfte die von Arion neu geschaffene Urtragödie Gemeinsamkeiten mit dem Dithyrambos haben. Der Unterschied dürfte dann darin bestehen, daß hier *erzählt* wurde, was dort durch das Agieren der Personen dramatisch (das Wort Drama bedeutet ursprünglich „Tanz", genauer „Maskentanz") dargestellt wurde. „Danach ergibt sich als wahrscheinlichste Hypothese, daß die Tragödie der in die dramatische Form umgesetzte heroenmythische Hauptteil des Dithyrambos ist" (Patzer, DaU VII, 1, 13).

Die neue Erfindung des Arion fand bald Anklang in den benachbarten Städten. Der aus der Peloponnes eingebürgerten rein chorischen Urtragödie wurde eine Art Sprecher beigegeben, der Hypokrités = ‚Antworter', späterhin der Begriff für Schauspieler.

Die neue Sprechdichtung, der „Schauspielerpart" sprengte die musikalisch-strophische Einheit des Chorliedes durch die Form der Rede. Die gesungenen Partien schlossen sich zu den Stasima, den Standliedern des Chores zusammen (morphologisch bildet der Tragödienchor die Fortsetzung des Dithyrambos).

Dadurch daß dem singenden und tanzenden Chor ein Einzelsprecher (Schauspieler) zugesellt wurde, konzentrierte sich das Interesse des Hörers immer

---

[1] Wir fassen die „Allgemeinen Grundlagen", die für die griechische Tragödie relevant sind, hier kurz zusammen. Sie sind ausführlich dargestellt in dem Heft „Sophokles, König Ödipus", Grundlagen und Gedanken zum Verständnis des Dramas, Diesterweg, Frankfurt/M. 1972.

mehr auf die nun mögliche dramatische Handlung, d. h. das Geschehen auf der Bühne war immer mehr auf den einen Schauspieler ausgerichtet. Konsequenterweise mußte es, um mehr „Handlung" zu ermöglichen, einen zweiten Schauspieler geben. Ihn führte Aischylos ein; Sophokles gab den dritten bei. Über diese Zahl sind die Dichter nicht hinausgegangen. Die Zahl der Chormitglieder, der Choreuten, wurde durch die Verlagerung des Geschehens auf die Schauspieler reduziert (bei Aischylos fünfzig Choreuten, bei Sophokles fünfzehn).

2. Die antike Tragödie und die Musik

In der griechischen Poesie gewinnt das Musikalische Gestalt. In der Tragödie sind bestimmte Partien musikalisch ausgestaltet, in erster Linie die straff geformten Chorgesänge. Der Theaterchor (Chor = Tanzgruppe) tanzte in der Orchestra (= Tanzplatz) unter Begleitung des Aulós, einem Instrument, das etwa unserer Oboe entspricht. Der Tanz machte mit Sprache und Ton das lebendige Ganze der Chöre aus. Die Chorlieder sind also nie rein gesprochen, sondern gesungen und getanzt worden. Für uns ist allerdings nur das Wort erhalten.

Die Tragödie der Griechen ist ein halb musikalisches Kunstwerk. Sie „gleicht tatsächlich der modernen Oper insofern, als sie dramatische Rede, Dichtung, Musik und Ballett ... vereint. Sie unterscheidet sich von der Oper dadurch, daß es in ihr immer um etwas Bedeutsames geht und daß die Wörter nicht nur hörbar sind, sondern auch einen Sinn haben" (Kitto 380).

3. Die Lehre von der Wirkung der Tragödie

Aristoteles hat die Wirkung der Tragödie wie folgt beschrieben:

„Die Tragödie ist die Nachahmung einer edlen und abgeschlossenen Handlung von einer bestimmten Größe in gewählter Rede, derart, daß jede Form solcher Rede in gesonderten Teilen erscheint und daß gehandelt, nicht berichtet wird und daß mit Hilfe von Mitleid (Éleos) und Furcht (Phóbos) eine Reinigung (Kátharsis) von eben derartigen Affekten bewerkstelligt wird" (Poetik 1449 b 24 ff., Übersetzung: Gigon).

Dabei entstammen die Begriffe Éleos — Phóbos aus dem Bereich der Medizin und sind eher mit „Rührung" oder „Schauder" wiederzugeben als mit „Mitleid" und „Furcht". Das gleiche gilt für Kátharsis: Die Reinigung ist nach dem Beispiel der Medizin „die mit einer elementaren Lustempfindung verbundene Befreiung und Erleichterung beim Ausscheiden von irgendwelchen störenden Stoffen oder Erregungen aus dem Organismus oder der Seele" (Schadewaldt [1],

1960, 389). Die Wirkung der Tragödie zielt nicht auf moralische Besserung, sondern auf Freude und Lust als Bestandteile einer Kunstart.

4. Form und Ausdruck

Jede Tragödie ist in ein strenges äußeres, d. h. formales Gefüge hineingestaltet: Bestimmte feste Teile sind klar voneinander geschieden; sie sind mit den Nummern unserer Opern vergleichbar.

Diese Zusammenstellung der Haupt- und Grundformen des tragischen Spieles orientiert sich an der entwickelten Tragödie. Die Formen haben sich seit den Anfängen herausgebildet und sind dann im Grunde immer dieselben geblieben. Der „Vorspruch" (Prolog) kann von einem oder zwei Schauspielern gesprochen werden, er legt die äußeren Verhältnisse des jeweiligen Stückes dar. Das Einzugslied des Chores (Párodos: der „Aufzug von der Seite her"), als Einzugslied (Versmaß: Anapäste) oder auch als Standlied gestaltet, gibt durch den Gesang mit der Aulosbegleitung eine Ergänzung zur Exposition der Handlung. Es folgt das erste Epeisodion (das „Dazuhineintreten"), die großen Reden, den Redeagon enthaltend, in dem die Sprecher den Gegensatz ihrer Standpunkte darlegen. Danach kommt das erste eigentliche Standlied, dem sich das zweite Epeisodion mit Reden, Berichten, Redekämpfen, Wortwechsel und Abgängen anschließt. Nach dem dritten Standlied geht es in vermehrter Folge weiter. An bewegten Stellen tritt der Kommos ein. Nach etwa fünf Auftritten klingt das Stück mit der gesungenen Exodos aus. In der späteren Entwicklung müssen aus Vorspruch, drei Auftritten der Schauspieler und Auszugslied des Chores die fünf Akte des europäischen Dramas entstanden sein.

Im Ablauf der Tragödien lassen sich auch innere Gestaltungsformen feststellen: Formen aus Kult, Staats- und Rechtsleben, durch Sitte und Brauch gefestigtes Zeremoniell wie Gebet, Opfer, Beschwörung, Formen des Appells, der Ermahnung und Tröstung, Botenbericht, Bitte um Hilfsmaßnahmen und ihre Gewährung.

„Die griechischen Tragiker, man kann es nicht oft genug sagen, sind Handwerker gewesen, geschulte Auftragskünstler, denen die Gesetzlichkeiten und Regeln ihres Metiers in einer Weise vertraut waren, daß sie Jahr für Jahr, zum festgesetzten Termin, ihre Tragödien und Satyrspiele einreichen konnten — Werke, die sich, mit Hölderlin zu sprechen, zunächst einmal durch ‚Zuverlässigkeit' auszeichneten, durch ‚berechnete Verfahrensart', ‚gesetzlichen Kalkül', ‚sichere und charakteristische Prinzipien und Schranken', erkennbare Mittel und, so Goethe, durch ‚etikettmäßige Convention'. Unterwiesen in einem Handwerk und, zu Meistern herangereift, ihrerseits als Schulbildner tätig, legten die Tragiker mit jedem einzelnen Drama ein Kunstprodukt vor, das, als Zeugnis der von Hölderlin zitierten Mēchanḗ, am Schluß der Aufführung zur Beurteilung anstand" (Jens XI).

5. Stoff

Das große Epos kennt den Antigone-Stoff offenbar nicht. Es ist wahrscheinlich, daß Sophokles entweder die Fabel frei erfunden hat oder daß er einer thebanischen Lokalsage folgte. Es ist jedoch auch nicht auszuschließen, daß in dem nur fragmentarisch erhaltenen epischen Kyklos oder auch im Bereich der Chorlyrik das Mädchen vorkam, das dem Sieger im Kampf um die Herrschaft in Theben den Gehorsam verweigerte und dem gefallenen Bruder die Totenehre erwies.

6. Die erste Aufführung

In der Hypothesis (= Inhaltsangabe) des alexandrinischen Gelehrten Aristophanes von Byzanz (200 v. Chr.) finden wir folgende Notiz: „Es wird behauptet, man habe Sophokles des Strategenamtes auf Samos für würdig gehalten, weil er durch die Aufführung der ‚Antigone' großen Beifall fand." Der samische Krieg fand von 441 — 439 statt. Ob die Notiz als post hoc oder propter hoc — eventuell mit anekdotischer Pointe — zu deuten ist, bleibt belanglos. Das Datum der ersten Aufführung dürfte nicht lange vor der Ausübung des Kriegsamtes liegen: 442 oder Frühjahr 441.

Die Publikumsbeteiligung dürfte sehr hoch gewesen sein, wie es dem offiziellen Charakter der griechischen Tragödie entsprach. Das Dionysostheater am Hang der Akropolis wurde zwar im 4. Jh. umgebaut. Bei den identischen topographischen Verhältnissen kann eine Zahl von 14—17 000 Zuschauern angenommen werden. Attische Bürger nahmen an dem Dionysosfest teil, das zur Zeit der Antigoneaufführung den Staat und sein politisches System manifest repräsentierte.

II. Wort- und Sachkommentar

Antigone = „Die zum Ersatz Geborene", wohl, weil der älteste Sohn der Iokaste (Ödipus) ausgesetzt worden war

8   „Feldherr", weil Kreons Verordnung über die Bestattung ein militärischer Befehl ist

26   Die Seele findet keine Ruhe, bis sie bestattet oder mit Erde bestreut ist. Bei Verwandtenmördern kamen die Athener dieser Pflicht nicht nach; Landesverräter mußten außer Landes bestattet werden

50   Ödipus ist verhaßt, weil durch seine Befleckung die Pest über die Stadt kam

74   „In frommer Schuld": Das Oxymoron besagt nicht, daß Recht und Schuld bei Antigone ineinander übergehen

101   Das böotische Theben hat sieben, das ägyptische hundert Tore

104   Dirkē: Quelle bei Theben, für die Stadt bezeichnend

106/7   gemeint ist Adrast, der Schwiegervater des Polyneikes, und seine Streitmacht, die aus Argos kam

117/8   Das Bild vom Adler wird fortgeführt und dann mit dem des Raubtieres überhaupt vermischt

123   Hephaistos als Metonymie für „Feuer"

126   Die Thebaner werden als Drachensöhne bezeichnet, weil sie der Sage nach aus den von Kadmos gesäten Drachenzähnen hervorgegangen waren

131/2   Gemeint ist der Argiverfürst Kapaneus, der bereits die Mauern der Stadt Theben bestiegen hatte und in übersteigerter Hypris ausrief, nicht einmal der Blitz des Zeus werde ihn wieder vertreiben

135   Kapaneus schwang eine Fackel, sein Schild trug die Aufschrift: „Ich werde die Stadt niederbrennen"

149   Theben war wegen seiner Wagen und Pferde gefeiert

189/90 Bild vom Staatsschiff

233 ff. Vgl. dazu die Totengräberszene in Shakespeares „Hamlet" (V, 1)

246/47 Antigone vollzieht nur die symbolische Handlung der Bestattung

264/65 Die Wächter vollziehen eine Art Gottesurteil, das zwar in Athen nicht mehr üblich, wohl aber aus dem indogermanischen Bereich bekannt ist

308 ff. Sklaven, von denen man eine Aussage erzwingen wollte, wurden an Händen aufgehängt und gepeitscht

339   Vgl. Goethe, Pandora: „Erde, sie steht so fest! Wie sie sich plagen läßt"

354 ff. Auch bei Krankheiten, z. B. bei der Pest (vgl. Anfang der Ilias) sprachen die Griechen von treffenden Geschossen der Götter

417 ff. In südlichen Ländern entsteht häufig um die Mittagszeit ein Wirbelwind

431   Das dreifache Trankopfer bestand aus Milch, Wein und Honig

444   Der Wächter ist bei der Familienszene nicht zugegen, er muß auch das Kostüm für die Gestalt der Ismene anlegen

475   Gemeint ist die Härtung des Stahls

528   Offenbar trat Ismene in anderer Maske als vorher auf

627 Daß der älteste Sohn Megareus dem Ares zur Rettung Thebens geopfert worden war, wird in unserem Drama nicht erwähnt

765 Der zweite Schauspieler ist nun frei für die Rolle des berichtenden Boten

774 Sophokles könnte an eine in einen Berghang gehauene Gruft von der Art mykenischer Kuppelgräber denken

801 Das Bild ist vom Pferdesport genommen

823 Niobe, die Enkelin des Zeus und Tochter des Tantalus, kam nach Theben und wurde Gattin des Königs Amphion. Wegen Lästerung der Leto töteten Apollon und Artemis ihre vierzehn Kinder, sie selbst wurde in einen Felsgipfel verwandelt (auf dem Berg Sipylos in Lydien)

870 Die Ehe des Polyneikes mit der Tochter des Adrast brachte Unglück; denn erst dadurch wurde der Zug der „Sieben gegen Theben" möglich

893 Nur Antigone und Ismene leben noch von dem Geschlecht

894 Persephassa = Persephone, Göttin des Hades, Gattin des Pluton

944 ff. Dem Argiverkönig Akrisios wurde geweissagt, daß er durch die Hand eines Sohnes seiner Tochter Danae sterben werde; deshalb schloß er sie in einen ehernen Turm ein. Aber Zeus, in einen Goldregen verwandelt, drang in den Turm ein und zeugte mit ihr den Perseus

955 Lykurg, König der thrakischen Edoner, schmähte Dionysos und verjagte die feiernden Bacchantinnen; er wurde auf Befehl des Gottes am Berge Pangaion angeschmiedet

964 Euoi ist der Ruf der Bacchusanhänger

965 Die Musen stehen in Thrakien mit dem Dionysoskult in Verbindung, weil sie den Gott einmal auf der Flucht aufnahmen

966 ff. Der Dichter deutet das Schicksal der athenischen Königstochter Kleopatra nur an. Der Mythos war offenbar bekannt. Die Tochter des Erechtheus, Oreithyia, wurde von Boreas nach Thrakien entführt und brachte dort die Kleopatra zur Welt. Diese heiratete Phineus, den König von Salmydessos am Bosporus, und gebar zwei Söhne. Bald verstieß dieser seine Gattin und heiratete Idaia. Diese blendete die Söhne aus erster Ehe, weil sie sie angeblich vergewaltigt hatten, und ließ sie zusammen mit ihrer Mutter in eine Felsengruft einschließen

966 Die „schwarzblauen Felsen" sind die Symplegaden (aus der Argonautensage bekannt)

970 Schon bei Homer ist der Kriegsgott Ares Bewohner des wilden Thrakiens

985 Kleopatra wird als Tochter des Windgottes Boreas „Boreade" genannt

987 Die Moiren lebten schon vor den olympischen Göttern

993 Der Sage nach hat Kreon auf Rat des Teiresias beim Herannahen der Argiver seinen Sohn Megareus geopfert, um Ares für sich gnädig zu stimmen

999 Die Vogelschau kam aus Babylonien zu den Griechen

1005 Die Vogelschau gab keine Aufklärung; so versuchte es der Seher mit der Opferschau

1009 Die Lebern platzten, statt glückverheißend zu versprühen

1013 Aus der Opferschau läßt sich allgemein entnehmen, daß Unheil droht

1017 Tiere schleppten angefressene Leichenteile an die Altäre und entweihten sie dadurch

1038	Silbergold, Hellgold war in Lydien reichlich vorhanden
1080	Der Sage nach waren auch die feindlichen Führer nicht bestattet worden
1109	Es sollen Bäume für den Scheiterhaufen gefällt werden
1115	Dionysos hatte viele Namen: Bacchos, Lyaios, Bromios, Iakchos, Euios (s. zu 964)
1119	Italia, oft genannt, weil Athen eine Kolonie nach Thurii geschickt hatte, außerdem eine alte Stätte des Bacchuskultes
1121	Deo = Demeter
1124	Der Ismenos floß durch Theben
1125	Aus den Zähnen des von Kadmos erlegten Drachen erwuchsen die Stammväter Thebens
1126	Auf dem Parnaß in Phokis entspringt die Quelle Kastalia, in deren Nähe bei der Wintersonnenwende die Bacchantinnen ein nächtliches Fest feierten
1131	Nysische Berge: in Euböa
1145	Brausender Sund: der Euripos
1151	Thyiaden: die begleitenden Bacchantinnen
1155	Die Thebaner sind die Nachbarn des Palastes des Kadmos, der Burg Kadmea
1191	Wohl Anspielung auf den Verlust des Sohnes Megareus
1199	Herrin der Wege: die Unterweltsgöttin Hekate (vielfach mit drei Leibern dargestellt); sie wird an Gräbern und Dreiwegen verehrt und oft mit Persephone gleichgestellt
1201	Bei der Leichenverbrennung wurden meist Olivenzweige als Unterlage benutzt
1243	Eurydike verläßt stumm die Bühne als Ausdruck größten Schmerzes. In gleicher Weise verhält sich Achill in der Ilias (18, 22)
1247	Die Klage soll nicht in der Öffentlichkeit stattfinden
1249	Für die echte Klage hatte die Mutter zu sorgen: s. Hekabe bei Hektors Tod (Ilias 22, 430)
1303	Das Schicksal des Megareus ist ruhmvoll, weil er sich für die Stadt geopfert hatte
1333	Für den Chor sind die nächstliegenden Pflichten die Bestattung der Leichen und damit die Entsühnung der Polis

III. Aufbau und Gestaltung

1. Vorgeschichte

Den Hergang der Sage stellt W. Schadewaldt nach der wahrscheinlichen
Fassung im thebanischen Epos *Thebais* wie folgt dar (die *Thebais* dürfte den
Stoff für die Bearbeitung der Tragiker geliefert haben):

„Dort (in Theben) war Labdakos König, der Sohn des Polydoros, des Sohns des
Kadmos, der Theben gegründet hatte. Labdakos hatte zum Sohne Laios, der Iokaste,
die Tochter des Menoikeus, zur Frau nahm. Nun hatte aber dieser Laios in seiner
Jugend einst in Elis den schönen jungen Sohn des Pelops, Chrysippos, erblickt und
Liebe zu ihm gefaßt und ihn gewaltsam nach Theben entführt. Da verfluchte ihn der
Vater des Chrysippos, Pelops, er solle niemals einen Sohn erhalten, wenn aber doch,
so solle dieser Sohn ihn töten; und der Gott in Delphi bestätigte diesen Fluch des
Pelops. — Als dem Laios doch ein Sohn geboren wurde, ließ er das Kind im nahen
Kithairon-Gebirge aussetzen. Doch der damit beauftragte Hirte übergab den Knaben
einem anderen Hirten, der die Herden des Königs von Korinth, Polybos, hütete, und
so gelangte der Knabe nach Korinth, wo ihn der kinderlose Polybos an Sohnes Statt
annahm und ihn, da ihm die Fußknöchel durchstoßen waren, Ödipus, das ist
‚Schwellfuß‘ nannte. — ... Ödipus geht, als er herangewachsen ist, nach Delphi und
empfängt von dem Gott in Delphi den furchtbaren Spruch, er werde seinen Vater
töten und seine Mutter heiraten. Um dem Spruch zu entgehen, kehrt Ödipus nicht
nach Korinth zurück, sondern wendet sich nach Boiotien. Da trifft er auf seiner
Wanderung im Lande Phokis an einem Kreuzweg seinen ihm unbekannten Vater
Laios, gerät in Streit mit diesem und erschlägt ihn, der so als erster dem Fluch
anheimfällt. — Ödipus kommt nach Theben, seiner wahren Vaterstadt, befreit die
Stadt vor der Sphinx, ... indem er das Rätsel der Sphinx löst; gewinnt durch diese
Tat die Herrschaft über Theben und die eigene, ihm unbekannte Mutter Iokaste zur
Gemahlin, erzeugt mit ihr vier Kinder: Eteokles und Polyneikes, Ismene und Anti-
gone, und herrscht lange segensreich über Theben, bis alsdann seine wahre Herkunft
an den Tag kommt und er sich selber blendet, während Iokaste sich erhängt. Es ist die
zweite Auswirkung des Fluchs. — Als die Söhne des Ödipus, Eteokles und Polyneikes, herangewachsen sind, gedenken sie zuerst, gemeinsam Theben zu regieren.
Allein es entsteht ein Streit unter ihnen, und Eteokles vertreibt den Polyneikes von
Thron und Heimat. Er kommt nach Argos, wo Adrastos herrscht, gewinnt eine
Tochter des Adrastos zur Gattin und betreibt alsdann einen Kriegszug gegen Theben,
zu dem sich unter der Führung des Adrastos die bedeutendsten Helden der Zeit, im
ganzen sieben, vereinigen. Vor Theben angekommen, stellen sich die Sieben an den
sieben Toren Thebens zum Angriff auf. Eteokles stellt die besten der Thebaner ihnen
entgegen, sich selber aber seinem Bruder Polyneikes, denn so wollte es der alte Fluch,
der auf dem Geschlecht der Labdakiden von jener Untat des Laios her lastete. Und
so kommt es, daß in dem Kampf um Theben die beiden Brüder gegeneinander stehen
und einer den anderen tötet. ...

An den Zug der Sieben gegen Theben und den Tod der beiden Brüder schließt unmittelbar die Geschichte von Antigone an, wie Sophokles sie in seiner Tragödie
gestaltet hat. Doch hat Sophokles nach allem, was wir wissen, die Fabel seines
Dramas aus dem ihm gegebenen großen Zusammenhang der Labdakidensage so gut

wie frei entwickelt. Die Hauptmomente seiner Neugestaltung waren, daß er zunächst einmal in seinem Einzeldrama den Fluch, den Pelops einst über Laios gesprochen hatte, zurückdrängte. ... Sodann hat nach allem, was wir wissen, erst Sophokles die Gestalt der Ödipustochter Antigone in seinem Einzeldrama in die Mitte gerückt. Die ältere Sage wußte allenfalls von ihrer Schwester Ismene einiges zu berichten, ... Diese ältere Sage wußte auch nichts von dem Bestattungsverbot, das über Polyneikes verhängt wird. Vielmehr wird dieser in einigen auf uns gekommenen Nachrichten so wie die anderen vor Theben gefallenen Heerführer auf dem Scheiterhaufen verbrannt. ...

In der ‚Antigone' des Sophokles wird von dem neuen Herrscher Kreon, der nach dem Tod der beiden Brüder als Bruder der Iokaste und Nächstverwandter die Herrschaft in Theben übernommen hat, über den Landesfeind Polyneikes das Bestattungsverbot verhängt" (Schadewaldt 1, 444 ff.).

Für unsere Tragödie gilt, daß sich schon bei Sophokles ein Mythem im eigentlichen mythologischen Wortsinn darstellt. Es geht um jenen literarischen Mythos, der dadurch zustande kam, daß ein Mythem aus einer Reihe von Mythemen eines umfassenderen Mythos zum eigenständigen dramatischen Stoff mit einer bestimmten Funktion wurde. Der Sinn dieses Stoffes entspricht dabei nicht mehr der ursprünglichen Bedeutungsfunktion, die sie im Zusammenhang der übrigen Geschehensabläufe des Urmythos hatte. Lévi-Strauß sieht ein solches Geschehen in einer Gruppe ähnlicher Mytheme: „Antigone beerdigt Polyneikes, ihren Bruder, und übertritt das Verbot" — „Kadmos sucht seine von Zeus entführte Schwester Europa" — „Ödipus heiratet Iokaste, seine Mutter"[1]. Der gemeinsame Zug besteht in überbewerteten Verwandtschaftsbeziehungen und nimmt Bezug auf die Autochthonie des Menschen.

2. Gang der Handlung

Eingangsszene[2] — Prologos

Bei Tagesanbruch, am Tag nach dem tödlichen Zweikampf der Brüder und dem Abzug des feindlichen Heeres, treten Antigone und Ismene aus dem Palast zu einem geheimen Gespräch. Kreon hat bei Todesstrafe die Bestattung des Polyneikes verboten. Antigone fordert Ismene auf, mit ihr die heilige Pflicht der Bestattung zu erfüllen.

Den entscheidenden Schritt von der Einzelrede (bei Aischylos) zum Dialog vollzieht Sophokles; er schafft eine neue Stufe der dramatischen Technik,

---

[1] Claude Lévi-Strauß, Die Struktur der Mythen. In: Strukturale Anthropologie. Frankfurt/M. 1967, S. 235 ff.

[2] Die neuere Forschung faßt mit dem Begriff „Eingang" die zwei heterogenen Elemente des Dramenanfangs zusammen: Prolog und Einzugslied.

welche die Personen nach Darstellung der ihnen eigenen Position gegeneinander entscheiden läßt. Die Pointierung des Dramatikers (das attische Drama ist von der dem Zuschauer bekannten Vorlage bestimmt) verlangt eine Exposition. Hier entscheiden sich die Schwestern an dem Tatbestand des Bestattungsverbots. Es geht um die nahe Vorgeschichte.

Der Dialog zwischen den beiden entspricht der typisch sophokleischen Problematik: Ein großer Mensch steht einer durchschnittlich denkenden Umwelt gegenüber. Das Problem der Tragödie „Antigone" wird bereits hier im Streitgespräch zwischen zwei unvereinbaren Standpunkten umrissen.

Antigone offenbart religiöse Motivation, Todesbereitschaft, Rückzug in trotzige Vereinsamung. Ismene erkennt die Pflicht zwar an, hat aber den Willen zur Aufopferung nicht. Bislang verband beide (Beschwörung der Gemeinsamkeit [1]) Treue zu ihrem Vater Ödipus und die Zurücksetzung im Königshaus. Gegen die Heldin entsteht eine Gegenwelt, die Positionen verschieben sich rasch, sie entwickeln sich nicht nur, sondern verändern sich.

Das Bestattungsverbot bringt eine Steigerung der Leiden ins Unerträgliche, das die beiden noch Lebenden mitansehen müssen (1—10). Ein elementares Recht wird aufgehoben, Antigone kann unter dem Edikt nicht leben. Sie zeigt große Erregung, die sich aus der Fügung ihrer Worte und der Art, wie sie die Gemeinsamkeit sucht, ergibt. Ismene verhält sich dagegen passiv; sie ist praktisch ohne Information über ihre toten Brüder. Antigone schildert das Verbot nicht kühl-objektiv, sondern engagiert (21 ff.).

> Das hat der edle Kreon dir, verlautet's
> Und mir — auch mir, sag ich — verkünden lassen ... (31 — 32)

Die beiden Verse wollen sagen: Ist es nicht absurd, daß Kreon glaubt, Antigone halte sich daran? Ismene soll sich an der großen Aufgabe bewähren. Die Art, wie Antigone ihre Forderung an die Schwester richtet, legt die eigene Position ein für allemal fest.

Der Prolog hat einen zweiteiligen Aufbau: den exponierenden und den dramatischen, der Einschnitt liegt bei Vers 38.

Antigone hat ihre Forderung präzise festgelegt und schroff abgebrochen. Ismene reagiert entgegen der Erwartung ihrer Schwester mit ungläubigen, nicht verstehen wollenden Fragen, bis sie entsetzt deren Absicht begreift. Die Schwierigkeit, Antigone zu verstehen, liegt für Ismene darin, daß sich Antigone gegen eine offenbar natürliche Ordnung stellt. Nun soll ein neues Unglück die lange Reihe fortsetzen, deren Opfer die Schwestern sein werden. Ismenes Alternative ist, die Unterwelt um Vergebung für die versäumte Pflicht zu bitten. Sie dispensiert sich und die Schwester mit der Begründung, daß sie nach dem Naturgesetz Frauen seien und als solche das Unmögliche vermeiden müßten. Der Dispens hat insofern Berechtigung, als bei seiner Befolgung die letzten noch Lebenden vor dem sicheren Tode bewahrt werden. Ismene erinnert an Ödipus' Blendung, den Tod der Iokaste, den Tod der Söhne (Zusammenraffen von Elementen der ferneren Vorgeschichte). Die Schwestern wenigstens sollen sich retten: Der Preis ist der Verrat am toten Bruder.

Antigone hatte die Leiden des Ödipus nicht um ihrer selbst willen genannt, es ging ihr darum, die Entwicklungslinie aufzuzeigen, die zu dem Edikt geführt hat. Ismene argumentiert gegensätzlich: Die Beschreibung des Unglücks soll Antigone von ihrem Entschluß abbringen. Durch diese ohne Emotionen getrübte Sehweise gewinnt Ismene Raum. Antigone wiederum leitet ihre Aufgabe daraus ab, sich des Vaters würdig zu erweisen: Ödipus, der vom Geschick geschlagene edle Mann! Sie zieht sich immer mehr in sich zurück.

Als Ismene noch einmal ihre Position knapp formuliert (78), geht Antigone gar nicht mehr auf ihre Argumente ein. Sie hat nur offene Verachtung für die Ablehnende, sie weist sofort jedes künftige Anerbieten zurück. Für den späteren Wunsch Ismenes, mitzusterben (536—560), hat sie bereits jetzt ein schroffes Nein. Die Anfangskonstellation ist umgedreht: Dort warb Antigone um Ismene, hier wird Ismene zurückgewiesen.

Beide Haltungen prallen aufeinander. Ismene betrachtet das Unternehmen als undurchführbar und hält Antigone für unvernünftig; sie rät zu vorsichtiger Geheimhaltung. Antigone ist sogar entschlossen, ein öffentliches Bekenntnis abzulegen. Beim Gang ins Haus äußert Ismene, daß das Tun der Schwester zwar unvernünftig, aber sittlich richtig sei, ein starker Ausdruck der Anerkennung. In diesem Gegensatz liegt Antigones Schicksal beschlossen. Dabei ist die natürliche Konsequenz von Richtigkeit und Pietät der Polyneikesbestattung selbstverständliches Nichtbeachten des Verbotes. Ismene steht von Anfang an zwischen Antigone *und* Kreon, sie versteht beide, betritt aber nicht den tragischen Raum, in dem die Entscheidungen fallen. Sie bleibt außerhalb der Diskussion, am Ende im Hintergrund.

Die Schwestern trennen sich in Zwietracht. Aus der innigen Harmonie des ersten Verses ist Dissonanz geworden. Beide durchschreiten den Weg von der verbindenden Nähe bis zur trennenden Ferne. Das geschieht in kürzester Zeit. Antigone macht keinen Versuch, die Position der Schwester zu verstehen, sie ist sich ihrer „verkehrten" Welt bewußt: „In frommer Schuld" (74). Die Form der Stichomythie bringt durch die ihr eigenen Mittel eine Situation zur Entscheidung. Ismene ist Folie zu Antigone. Die vernünftige Einschätzung der Situation läßt sie entscheiden, daß eine Bestattung unmöglich ist, wenn nicht Schreckliches geschehen soll.

Einzugslied des Chores — Parodos

Bei Sonnenaufgang (Betonung der Tageszeit!) wird aus Anlaß über das Ende des Krieges zur Siegesfeier (Vergessen und Freude im Tanz) aufgerufen, die Sonne feierlich angerufen, die für den schönsten Morgen erstrahlt, den Theben erlebt hat.

Die Stimmung des Liedes steht in schärfstem Kontrast zu der düsteren Atmosphäre des Prologs. Die inhaltliche Spannung reicht zurück zur Eingangsszene und weist ebenso auf die folgende erste Hauptszene. Der Chor ahnt nichts von der ungelösten Problematik, die zur Entzweiung der Schwestern geführt hat. Die Möglichkeit eines Konflikts kommt ihm nicht in den Sinn. Alles Schlimme scheint ohne Rest überwunden, die gerechten Götter haben der gerechten Sache zum Sieg verholfen. Bei Sophokles nimmt der Chor sonst Expositionsthemen aus dem Prolog auf. Hier jedoch sind die alten Thebaner mit den neuesten Informationen noch nicht vertraut.

Der Kampf, die Flucht des argivischen Heeres, der thebanische Sieg werden beschrieben, der Tod der Brüder wird aus bestimmter Sehweise angeführt.

Die Schrecken des Krieges stellen die Choreuten deshalb dar, weil sie vorüber sind. Die Götter haben den frevelhaften Angreifer vertrieben. Polyneikes als Anführer des Angriffes ist schuldig; die Größe der Gefahr erscheint im Bilde des Adlers mit den weißen Schwingen.

In der ersten Gegenstrophe wird die bildhafte Ausdrucksweise fortgeführt: Vom thebanischen Drachen (Reminiszens an die Drachenzähne, die Kadmos, der Gründer Thebens, gesät hatte) überwältigt, ist der Feind geflohen. Zeus hat die Flucht bewirkt (Umformung des Gegensatzes zwischen Gefahr und Befreiung). Die Stadt weiß sich im Einklang mit ihren göttlichen Beschützern. Blitzstrahlen des Zeus straften die anmarschierenden Belagerer. Als Kategorie der Beurteilung gilt die Hybris, die später vom Chor fälschlich auf Antigone angewandt werden wird. Kapaneus verkörpert diese Hybris: Er erscheint mit der Fackel der Zerstörung und wird durch das Feuer der Gottheit bestraft.

Die zweite Strophe zeigt das Wirken des Ares; er spielte die Rolle des Helfers, während Zeus die Entscheidung brachte; letztlich brachte er den Brüdern den Tod. In den folgenden Anapästen heißen sie unterschiedslos die „Verabscheuungswerten" (144), weil Bruder gegen Bruder kämpfte. Es handelt sich um die verhängnisvolle Verquickung von Schuld und Schicksal als Ausnahmefall unter den Siegen der gerechten Verteidiger gegen frevelhafte

Angreifer. Die Schuld des Brudermordes und der Tod stellt die Brüder gleich. Darauf legt der Chor einen stark betonten Akzent und setzt dabei ein Präjudiz für Kreons Verordnung. Eine unterschiedliche Behandlung der Brüder, wie sie Kreon angeordnet hat, ist für den Chor keine selbstverständliche Konsequenz. Das bedauernswerte Sonderschicksal des (gerechten) Eteokles ändert nichts an der Sache.

In der zweiten Gegenstrophe wird das Frohlocken der Siegesgöttin, der Níkē, dargestellt und zum Fest aufgerufen, das Bacchos führen soll. Thebens Schutzgott soll den Reigen leiten und sich gegenüber den anderen Göttern mit seiner Stadt identifizieren. Die Stadt wird zur Freudenfeier aufgerufen, der Jubel erscheint ungetrübt. Aber es gibt kein Ende der schicksalhaften Ereignisse. Beunruhigung kommt mit der Frage nach dem Inhalt der Verordnung auf. Die in Anapästen gehaltene Ankündigung von Kreons Auftritt ist noch in das Jubellied eingeordnet. Der Herrscher wird gepriesen wegen der Würde seines neuen Amtes — ein tragisch-ironischer Hinweis auf das, was ihm bevorsteht. Die Ahnungslosigkeit, die schlichte Unwissenheit des Chors schafft sachlich die typisch sophokleische Kontrastsituation zwischen Prolog und Parodos.

Kreon hat die Vertreter der Bürgerschaft einberufen. Die Motivation zum äußeren Ablauf ist das von Kreon erlassene Verbot über die Bestattung des Polyneikes. Der Chor gerät in eine eigentümliche Zwischenstellung, wenn er mit dem Edikt konfrontiert wird, dessen Reichweite er weder erahnt hat noch erfassen wird, und wenn er sich loyal zum Herrscher verhalten will.

Erste Hauptszene — Erstes Epeisodion

Bei Sophokles ist der zweiteilige Bau des ersten Epeisodions mit einleitender Chor-Schauspieler-Szene und zweitem Schauspielerauftritt die Regel.

a) Kreons Staatsrede

Kreon ist der neue legitime Machthaber, er trägt die repräsentative und moralische Würde der Macht. Seine Proklamation ist im Prolog schon angedeutet. Die Alten wurden gerufen, weil ihre gehorsame Loyalität gegenüber dem Herrscherhaus vorausgesetzt ist.

Kreon hält gegenüber Antigone die entgegengesetzte Position. Diese Position ist jedoch jetzt schon geschwächt, weil zum Zeitpunkt seiner Rede das Edikt schon übertreten wurde. So hat sich die gegebene Reihenfolge Verbot — Übertretung bereits umgekehrt.

Kreons Worte wirken situationsfremd, weil er gegenüber Antigone und ihrer Motivation zum Übertreten des Verbotes kein gleichwertiger Prinzipienträger ist. In seiner ersten Rhesis (= gegliederte Äußerung) sucht er ein Vertrauensvotum mit dem Sinne: „Haltet auch mir die Treue!".

Die Verse 175 ff. enthalten seine politischen Grundsätze im allgemeinen, doch auf den vorliegenden Fall formuliert. Die Sentenzen sind doppelt anwendbar. Sein Bekenntnis beginnt mit einer verhüllten Drohung:

> Unmöglich ist es, eines jeden Seele,
> Herz und Gedanken zu durchschauen, ehe
> Man nicht in Amt und Würden ihn erprobt. (175—177)

Der Gedanke von der Bewährung in der Polis ist nach der Bias-Gnome (Bias = einer der Sieben Weisen): „Das Amt weist den Mann aus" formuliert. Er führt zur Zusammenfassung des eigenen Programms (Patriotismus als Kriterium der Anerkennung), der Darlegung der Grundsätze und ihrer Anwendung auf den konkreten Fall. Das Edikt soll Prüfstein für die politische Gesinnung des Chores werden: So wie ihr mich prüfen könnt, so will ich es mit euch tun. Polyneikes muß auch im Tode als Feind behandelt werden. Die Unterscheidung zwischen politisch Wohl- oder Übelgesinnten gilt für Lebende und Tote.

Der Chor, der als erster reagiert, legt sein Treuebekenntnis etwas distanziert, doch unterwürfig ab. Er gibt seine Zustimmung zum Verbot gleichsam als Blankovollmacht für Kreon. Die Choreuten halten zudem eine Übertretung für unmöglich, setzen die Todesstrafe jedoch voraus.

Kreon ist enttäuscht über die fehlende Entschiedenheit, das schwache Engagement (latenter Widerstand ist unverkennbar). Er warnt vor der Verleitung durch Gewinnsucht. In der Stichomythie wirkt er lauernd, je unbefangener der Chor antwortet. Noch ehe Antigones Tat bekannt ist, ist das Mädchen schon verurteilt. Anfangs versteht der Chor nicht, er muß nachfragen. Die einzige Kategorie, die Übertretung zu beurteilen, wird durch den Gedanken von der Bestechung durch die politische Opposition geschaffen. Es gilt, den politischen Anhang des Geschlagenen zu treffen. Kreon entwickelt sich schrittweise, so, wie sein Verdacht sich entwickelt. Hinter seiner Führergeste und seinen Parolen schält sich immer mehr heraus, was er ist. Er gehört zu denjenigen, die nicht das sind, was sie von sich aussagen. Das Edikt ist also in die Legitimation und in das Selbstverständnis des neuen Herrschers eingefügt.

Seine Reden sind keine eigentlichen Phrasen, seine Worte enthalten Grundsätze, die unter anderen Umständen richtig sind, aber auf die gegebene Situation nicht passen. Mit seinen strengen Kategorien, seinen betont scharfen

Differenzierungen sucht er seine Position zu fixieren. „Nicht ein Prinzip, Moral oder Idee, redet durch seinen Mund, er ist ein Mensch in seinen Kreis gebannt und seinen Grenzen bis zur Blindheit unterworfen" (Reinhardt 78).

b) Die Wächterszene

Sophokles hat Antigones Tat in zwei sukzessive Handlungen zerlegt, die ihre theatralische Wirkung darin haben, daß die am Ende des Chorliedes verfluchte Antigone von den Häschern auf die Bühne geführt wird. Zweck der Aufteilung in zwei Handlungen ist die Einordnung des ersten Stasimon in die Handlung im Rahmen der sukzessiven Enthüllung. Durch die Wiederholung wird der Mächtige u. a. gefoppt (s. auch III, 3: „Struktur").

Der Wächter gehört zu der Welt, die Antigone feindlich gegenübersteht. Er verkörpert die unterste Stufe einer abgestuften Verständnislosigkeit:

Ismene

Chor

Wächter

Er hat kein anderes Interesse, als die eigene Haut zu retten, hat keine Meinung zum menschlichen Problem. Durch ihn bekommt das Kreonbild schärfere Konturen. In der äffenden, sich krümmenden und sich windenden Gestalt erscheint der Mächtige von unten: Zetern, Zittern, Losen, Sichdrücken mit dem Trost: Wen es trifft, der hat Pech gehabt.

Das großartig verkündete Edikt ist übertreten! Das gerade Ausgesprochene ist an der Realität gescheitert.

Der Wächter beschreibt sein Kommen: Er hatte keine Eile, er dachte an Umkehr, seine Seele stellte Erwägungen an: Er wird eben das ihm vom Schicksal Zugeteilte erleiden — ein hintergründiger Hinweis, der sich an Kreon und Antigone auf anderer Ebene vollziehen wird. Angst bestimmt die Ausdrucksweise und führt zu komischen Wendungen, die seine Lebenssphäre beleuchten: Die jammernde Gestalt erscheint als Gegenbild zu Antigones selbstverantwortlichem Schicksal. In der nun einsetzenden Stichomythie wird auf der einen Seite die Unschuld beteuert, auf der anderen der Gedanke vom Gewinn angeführt und ungestüm nach Täter und Tat gefragt. Die dramatische Spannung erhöht sich von Vers zu Vers.

Die in der zweiten Botenrhesis vorgetragene Meldung tritt zeitweilig ganz hinter die Person des Sprechers zurück. Nicht der Inhalt, sondern die Wirkung auf den Boten tritt hervor. Der wichtigste Punkt in dem Bericht ist, daß alles, was der Wächter am Tatort bemerkt hat, sich seinem Begreifen entzieht.

c) Reaktion

Den ersten Kommentar gibt der Chor (hier hat die Funktion des Chor-distichons ein dialogisch-dramatisches Element): Die Götter hätten ohne menschliches Zutun das Seltsame bewirkt — hintergründig ein Urteil über Gestalt und Größe des Täters. „Das Werk als Gotteswille" im Munde der Thebaner weist auf konventionelle Theologie, welche das gottgetriebene Tun einer starken Natur nicht kennt. Glaubt der Chor buchstäblich an Wunder, so ist er im Irrtum, in höherem Sinne hat er jedoch recht.

Zornig über die Vermutung des Chores, trägt Kreon *seine* theologische Auf-fassung vor: Ein Einwirken der Götter ist nur nach dem Schema „Freund-Feind" möglich. Er spricht von Gewinnstreben, klagt nicht vorhandene poli-tische Gegner an, bezichtigt die Wächter, daß sie sich hätten bestechen lassen, obwohl sie doch tatsächlich gefügige Werkzeuge sind. Die Reduktion aufs Politische stößt ins Leere. Sie zeigt Begrenztheit und Abgeschlossenheit starrer Vorstellungen. Andere Motive sind nicht denkbar. Für Kreon unfaßbar ist die Annahme des Chores, die Götter wünschten keine Bestrafung. Gerade sie müßten die Schützer eines Staates sein, der nach Kreons Grundsätzen regiert wird. Sein Verständnis des Göttlichen ist sehr eng. Sein Reden verliert sich in Sentenzen, die auf die Situation abermals nicht passen: Nochmals wird die verderbliche Wirkung des Geldes auf den Menschen angeführt.

Der Chor bleibt eine Antwort schuldig. Die folgende Stichomythie führen der Wächter und Kreon: Der Wächter fragt und behält das letzte Wort! Zorn darf nicht zur Verdächtigung führen, Kreon wird der Unsachlichkeit bezich-tigt. Tiefsinn birgt die witzige Aussage:

Der Täter kränkt dein Herz, ich nur dein Ohr. (319)

Das Rededuell führt zur Androhung von Folterung und Tod für die Wächter, zu einer Schuldsprechung ohne den geringsten Anhaltspunkt. Der Wächter erreicht mit seinem banalen Mutterwitz, daß Kreon sich noch mehr erhitzt und diese Drohung ausspricht. Die Würde des Herrschers kann nur durch den schleunigen Abgang des Wächters erreicht werden. Sein Ton ist zuversichtlich: Er ist heil davongekommen, das nächste Mal wird ein anderer Melder er-scheinen müssen. Anonyme Existenzen sind austauschbar. Er irrt sich jedoch mit der Annahme, er werde Kreon nicht wieder unter die Augen kommen.

Mit der Komik des Wächter-Abganges kontrastiert der Ernst des folgenden Chorliedes.

Von nun an werden sich Antigones Größe und Kreons Verhängnis Schritt für Schritt enthüllen. Der primitive Melder bringt unbegreifbare Größe (Anti-gone) und nicht vorausgesehenes Leid (Kreon).

Erstes Standlied — Erstes Stasimon[1]

Der Chor hatte eine Übertretung des Verbotes für undenkbar gehalten (220). Die Bestattung war für ihn ein gottgewirktes Wunder — ein Gedanke, den Kreon brüsk zurückgewiesen hatte (278 ff.). Nun besingen die Thebaner die einzigartige Deinótēs menschlicher Größe — in Verkennung wahrer menschlicher Größe. Das griechische Wort hat keine stabile Denotation: Die menschliche Natur ist zweideutig, sie kennt das Große und Imponierende sowie das Erschreckende und Abscheuliche (das griechische Adjektiv läßt sich mit „gewaltig — unheimlich — ungeheuer — bedrohlich — bedroht" übersetzen). Nur raffinierte Geschicklichkeit macht den schrecklichen Ungehorsam erklärbar. Dem entgegen steht Kreons Diagnose der Korruption. Drei Strophen enthalten im Detail die Errungenschaften, Leistungen und Erfolge der menschlichen Kultur durch Veränderung der Natur. Typische Bilder geben den Wagemut, die Beherrschung der Welt, den Kampf und die Überwindung von Not wieder: Der Mensch emanzipiert sich durch Fortschritt und Bedrohung zugleich.

Die erste Strophe beschreibt das Bezwingen der Elemente: der Mensch als Ausbeuter der Erde (bewußter Eingriff in die natürliche Ordnung, Aufbrechen der Scholle als Tabubruch). Letztere Tätigkeit symbolisiert zugleich das Phänomen der Zeit, das Wenden der Jahre.

In der ersten Antistrophe geht es um das gewitzte Können, Jagd und Zähmung der Tiere (Domestikation): Der Mensch ist Herr der Tierwelt, er verfolgt systematisch ihre Gattungen. Die zweite Strophe enthält, was der Mensch „sich selbst lehrte". Hier wird die prometheische Mythologie, nämlich daß der Mensch die elementaren Lebenstechniken dem Feuerdiebstahl des Prometheus verdankt, in eine Anthropologie transformiert (nach *Barié*). Sprache, windschnelles Denken (als vox media), gesetzliche Siedlung, dann Schutz gegen die Unbilden der Witterung (was wiederum Besiedlung impliziert) sind die Formen der Kommunikation und Sozialisation. Durch Kommunikation entsteht Sozialisation, wobei sich der Mensch als Selbst-Lehrender realisiert. Die Praxis der Kommunikation ist das Planen: Der Mensch richtet sich sein Leben in der Gemeinschaft ein, im Kampf gegen die Not, zu dem ihn seine Existenz zwingt. Doch der Nimmerverlegene ist gegenüber dem Tod machtlos; hier ist eine absolute Grenze gesetzt. Der Ausdruck „nimmerverlegen" zeigt eine bedenkliche Relation: Bis zur absoluten Grenze ist der Mensch zu allem fähig. Die medizinischen Fortschritte sind ein bedeutsames Zeugnis für seine Leistungsfähigkeit.

---

[1] Mit leichten Änderungen bereits erschienen in: 25 Jahre Staatl. Aufbaugymnasium Kaiserslautern (Festschrift 1973, ohne Seitenzahl).

Durch diese drei Strophen ist eine Kategorie geschaffen, unter die die Tat in der zweiten Gegenstrophe eingereiht werden kann: Die ethische Ambivalenz ist die bedenkliche Folgeerscheinung zivilisatorischen Fortschrittes.

In starker Formulierung steht das Raffinement am Anfang:

> Im erfindenden Geiste
> Nimmer verhoffter Dinge Geister (364—365).

Der Mensch verfügt über ein Wissen, das über die Erwartung jedes Beurteilers hinausgehen kann und das die Möglichkeit gibt, es moralisch oder unmoralisch anzuwenden. Die Grenze wird markiert:

> Hält er hoch Gesetz der Heimat
> Und der Götter beschworene Rechte,
> Volkes Zier: Volkes Fluch,
> Wem des Guten Widerspiel
> Sich gesellt in Empörung. (367—371)

Die Relativierung der menschlichen Errungenschaften wird in Verbindung gebracht mit der eigenen Entscheidung: Wer Gesetz und Recht ehrt, ist „Hypsipolis" (Volkes Zier), wer nicht, „Apolis" (Volkes Fluch). Beide Begriffe als Innovation sind auf einer gemeinsamen semantischen Achse (-polis) konstruiert, die durch ihre jeweilige Zusammensetzung (hypsos = Höhe, a- negiert) den Sinn bekommt: Wertung des Verhaltens in der Polis. Das Problem des rechten Verhaltens beginnt jenseits der praktischen Fertigkeiten, als immer neue Entscheidung des durch die Deinótēs gefährdeten Menschen. Der Chor denkt dabei nicht an die Macht des Hades, obwohl er diese alles übergreifende Macht gerade genannt hat. Er wendet seine Weisheit falsch an, denn Antigone hat die ethische Grenze gar nicht überschritten. Er meint vordergründig den unbekannten Täter, trifft aber hintergründig Kreon. Dahinter steht eine tiefere Konzeption des Bösen, nämlich daß der Mensch sich immer wieder so oder so zu entscheiden hat.

Die Relativierung der in dem Lied vorgetragenen Gedanken besteht darin, daß die Kategorien bei falscher Anwendung in ihr Gegenteil pervertieren.

Das erste Stasimon steht ganz klar im Zusammenhang mit dem dramatischen Geschehen. „Es spricht der irrende Chor, dem Verblendung das Verständnis für den göttlichen Auftrag Antigones verstellt" (Müller 87). Emotional wendet er sich in den Schlußversen vom Frevler ab, den er in seiner wahren Gestalt nicht kennt und in Antigone nicht erwartet.

Zweite Hauptszene — Zweites Epeisodion

Die Szene erhält durch den Auftritt von vier Personen eine besonders starke Bewegung. Hier setzt nach der Entscheidung der Schwestern, der Staatsrede

Kreons und dem Bericht des Wächters (im Vordergrund steht das Edikt mit seinen Auswirkungen auf die Beteiligten) eine Art Gegenbewegung ein, die dadurch in Gang kommt, daß der Täter bekannt ist, und die sich, als Beginn der Katastrophe, letztlich gegen Kreon richtet. Kreon erfüllt die Funktion des Richters: Todesurteil für Antigone, Mitverurteilung von Ismene, Freispruch für den Wächter. Dabei bekommen alle Akteure feste Konturen: Es zeigen sich Kreons Schwäche, Antigones Überlegenheit, Ismenes Unsicherheit, des Wächters Triumph.

Die Dramatik liegt in den Stichomythien; Ismene bleibt ohne Rhesis. Mit dem formalen Reichtum korreliert die Bedeutung der Szene als Höhepunkt des Stückes. Den Kern bildet die Auseinandersetzung zwischen Kreon und Antigone; um ihn herum liegen die zweite Wächterszene und die Szene mit Ismene, beide als Wiederholung und Umkehrung in deutlicher Beziehung zu den entsprechenden früheren Szenen.

a) Die zweite Wächterszene

Schnell und triumphierend kehrt der Wächter zurück; er und Helfer bringen die gefangene Antigone. Der Chor zeigt sich entsetzt: Das Mädchen hat das Edikt mißachtet, nicht eine Gruppe von Verschwörern! Eben noch hatte er in seinem Lied die Herrlichkeit des Menschen verkündet, und nun tritt ein Mensch mit seinem Los vor die Alten, diese Herrlichkeit — wenn auch für sie nicht verständlich — verkörpernd:

> Unseligen Vaters Ödipus' Kind. (380)

Sie muß von den Göttern geschlagen sein, nur so ist ihre Tat zu begreifen! Der Wächter fragt nach Kreon, der aus dem Haus tritt mit der für ihn tragisch-ironischen Frage:

> ... Zu was erschien' ich eben recht? (387)

Mit platter Gnomik beginnt der Wächter seinen Bericht. Zunächst spricht er mehr von sich als von der Sache (329 wollte er niemals wiederkommen!). Er, dem vor kurzem noch der Tod drohte, ist nun das extreme Gegenbild seines Opfers; kontrastierend wirkt sein triumphierender Stolz über die für ihn glückliche Lösung, roh der Egoismus seiner Worte:

> Nimm sie denn selbst, o Herr, nach Herzenslust
> Ins peinliche Verhör! Ich aber darf
> Erlöst mich der verdienten Freiheit freuen. (398—400)

Kreon kann das Gemeldete nicht fassen und läßt den Wächter zweimal wiederholen. Für ihn kommt die Auflösung des rätselhaften Vorganges bei der Leiche aus einer nicht gedachten Richtung: aus dem von ihm nicht genannten Bereich des Privaten. Seine eng umgrenzte Vorstellungswelt wird nun hart mit der Realität konfrontiert. Der Wächter führt ihn ad absurdum, demnach ist sein Benehmen respektlos und unverschämt:

... Ist die Antwort klar genug? (405)

Seinen Bericht gibt er in vier Bildern.

1. Die Wächter hatten Angst vor der Strafe und Ekel vor dem Geruch der unbestatteten Leiche, während sie der Tote sonst nicht störte.

2. Die Beschreibung des Geschehens: der aufkommende Wirbelsturm, die mit Staub gefüllte Luft, das Wegbleiben der Sicht sind die primitivste Art, das Göttliche zu erleben.

3. Wie ein Wunder für die Wächter erscheint Antigone (nur durch die veränderte Witterung konnte sie zu der Leiche gelangen). Ihre Klage darüber, daß Polyneikes wieder unbestattet daliegt, steht im Kontrast zu der Stumpfheit und Unempfindlichkeit der Wächter.

4. Der Vorgang der Verhaftung zeigt die Übereile der Wächter und die Ruhe Antigones.

Während des Berichtes steht sie gesenkten Blickes in trotziger Haltung auf der Bühne.

„Ein bisher ganz unerhörtes Verhältnis zwischen Bote und Herr ist damit gestaltet, daß aus der hintergründigen Bedrohung Kreons durch den Wächter in der ersten Szene nunmehr ein eindeutiger Triumph des Boten über seinen Herren geworden ist. Zum ersten Mal innerhalb der griechischen Tragödie sind zwei Szenen, in Entsprechung und Umkehrung, so deutlich aufeinander bezogen" (Goth 75).

b) Die Auseinandersetzung zwischen Kreon und Antigone

Antigones Berufung auf die ungeschriebenen, untilgbaren Gesetze als Symbol absoluter Gültigkeit ist der gedankliche Kernpunkt dieser Szene. Auf das knappe Verhör Kreons folgt die große Verteidigungsrhesis Antigones. Ein Chordistichon führt zur Rhesis Kreons mit seiner scharfen Antwort. Zur abschließenden Stichomythie leitet ein aus zwei Einzelversen und einer kurzen Antigonerhesis bestehender Abschnitt über.

Grob fährt Kreon das Mädchen mit der Anapher:

Dich frag' ich, dich mit dem gesenkten Haupte, ... (441)

an. Drei klassische Fragen richtet er an sie, wobei er von der Strenge zur Entrüstung gelangt. Da, wo die Macht auf Widerstand zu stoßen hoffte, bietet sich das Opfer von selbst dar. Ganz nebenbei entläßt Kreon den Wächter.

Antigone macht den Eindruck völliger Widerstandslosigkeit. Umfassend bekennt sie sich zu der Welt, die für sie Geltung hat; sie empfindet Schmerz über das Verbot, das gegen die ewigen Gesetze der Götter verstößt. Die Übertretung des Ediktes entspringt der selbstverständlichen Reaktion des Mädchens, das sich mit dem Göttlichen verbunden fühlt. Die ungeschriebenen, untilgbaren Gesetze gehören in den Bereich des Todes, der sich mit absolutem Anspruch menschlicher Verfügung entzieht. Sie regeln umfassend die göttliche Weltordnung und das göttliche Recht und relativieren die von Menschen gegebenen Satzungen. Kreons Edikt und die ungeschriebenen göttlichen Gesetze stehen nicht auf gleicher Ebene: die Gesetze der Götter dürfen und können nicht umgestoßen werden. Die göttlichem Gesetz entsprechende Pflicht der Bestattung obliegt zunächst den Blutsverwandten. Antigones eigene Natur ist fest im Bereich der Familie verwurzelt, ihr Wollen ist etwas Schlichtes: ein Leben unter der Bedingung des Verbotes wäre ihr unerträglich. Sie zeigt ruhiges Einverständnis mit dem Tode (diese Haltung wird im 4. Epeisodion korrigiert werden); die Strafe und die Leiden, die auf sie zukommen, erklärt sie für unbedeutend. Sie sucht auch kein Verständnis. Der Chor kennt das Ausmaß des Bekenntnisses nicht, wenn er erklärt, sie sei das trotzige Kind des jähzornigen Vaters. Er ist entsetzt und bewundert sie zugleich, wenn er an das großartig schlimme Ausnahmegeschick des Vaters rührt. Dabei steckt hinter diesen Worten ein Doppelsinn: Eine starke Seele gibt schlechtem Handeln nicht nach.

Kreon gibt keine Antwort auf Antigones grundsätzliche und entschiedene Erklärung. Er geht auch nicht vom Tatbestand aus, sondern unterstellt dem Chor Hochmut, korrigiert dessen Urteil und ersetzt es durch ein negatives. Gnomisch spricht er vom Sturz, den spröder Hochmut nach sich ziehe. Hochmut sei bei Sklaven nicht zu dulden. Kreon und Chor sprechen Antigone nicht an, Kreon wendet sich nur an die Alten, von dem Mädchen spricht er mit szenischer und inhaltlicher Wirkung nur in der dritten Person. Kontaktlos redet er über sie hinweg; ihm kommt es darauf an, wie sie die Entdeckung ihrer Tat und das Todesurteil aufgenommen hat. Er ist unfähig, von der Sache her eine Alternative darzustellen. An ihre Stelle setzt er eine starre Schematik mit der Konstellation Herrscher — Beherrschte (Bilder vom Stahl, den das Feuer ausglüht und spröde macht, und vom wilden Pferd, das ein kleiner Zügel lenkt). Mit seinen Vergleichen trifft er in größerem Maße sich selbst, weil seine Bilder und Begriffe von der Welt der beherrschten Dinge ihm den Ausblick verstellen.

> Kein Mann wär' *ich* nicht mehr fürwahr statt ihrer,
> Blieb ungebüßt ihr dieser Sieg errungen! (484 f.)

Seine Selbstsicherheit beginnt zu wanken und schlägt in Erregung um, wenn er von der unnatürlichen Überlegenheit der Frau über den Mann spricht. Mit bombastischen Worten setzt er neu an (486 ff.) und flüchtet sich geradezu in das Todesurteil, Ismene miteinbeziehend.

Seine ruckhafte Gedankenführung berührt Antigone nicht. Von sich aus greift das Mädchen in der Form der direkten Frage Kreon und seine Herrscherstellung an:

Willst du noch mehr, als mir ans Leben gehn? (497)

In der illusionslosen Klarheit über ihre Situation liegt ihre Überlegenheit. In seiner Antwort spricht Kreon nur von sich selbst:

Das nicht, daran hab' ich vollauf genug, (498)

d. h. wenn das Todesurteil vollstreckt ist, „hat er alles". Die weiteren Worte Antigones zeigen die tragische Unlösbarkeit der Lage: Ohne Herrscherbefehl würden die Bürger das Mädchen ehren. Dort, wo er trennt, vereinigt Antigone, für die beide Brüder gleich sind. Der Hinweis auf die Tyrannenmacht löst die Stichomythie aus, in der Kreon die Isolierung Antigones und die Schande ihres Tuns, diese dagegen die Erfüllung ihrer heiligen Pflicht darstellt. Beide Welten zeigen sich unvereinbar, beide Standpunkte werden scharf abgegrenzt: Kreon kommt über das Schema „brauchbar — schlecht" in seinem relativen Anspruch nicht hinaus, Antigone empfindet Schmerz über das Unbestattetsein des Polyneikes. Der Redetausch ist kein Kampf der Rechte und Prinzipien, sondern hier führen zwei Bereiche auseinander. Das vielzitierte Wort vom Hassen und Lieben verficht kein ethisches Prinzip gegen ein anderes, es steht nur in Beziehung auf den Streitpunkt dieses Gespräches:

„[dies] Verhältnis [ist] von der Art, daß es einen Bereich außerhalb und oberhalb aller der Differenzen vertritt und verteidigt, die wie legitim immer unter den Menschen eine bestimmende Macht haben. Dazu wird eine große Seele und ihr eigentümliches Selbstbewußtsein erfordert. Umgekehrt ist diejenige Allgemeinheit, mit der manche das Wort Antigones ausstatten möchten, leer und ohne Bezug auf den Gegensatz zweier Haltungen, wie ihn das konkrete Problem in diesem Redetausch hervortreibt. Denn in jedem Vers davon muß sich die Sehweise des bloß menschlichen Bereichs von derjenigen des übergeordneten Bereichs trennen und zwar stets hinsichtlich des vorliegenden Streitpunktes. Da Kreon in 522 und in 524 f. sich zum fortgesetzten Haß gegen den Toten bekennt, darf sich der dazwischenliegende Vers Antigones nur gegen diesen Haß, gegen keinen anderen wenden" (Müller 107).

c) Der zweite Ismeneauftritt

Der Chor verkündet den Auftritt der Schwester in anapästischem Versmaß. In diesem Teil des Epeisodions, nach der großen Auseinandersetzung zwischen Antigone und Kreon, bestätigt sich der Eindruck, daß eine unwiderrufliche

Entscheidung gefallen ist: Antigone hat sich, wie ihr Verhältnis zu Ismene zeigt, nicht gewandelt. Letztere sucht eine Art Teilnahme an dem Geschehen, indem sie an beide Kontrahenten appelliert: Sie sucht einen Anteil an der Schuld Antigones und erbittet von Kreon die Aufhebung des Urteils.

Kreon überschüttet Ismene zunächst mit Vorwürfen; deren Antwort an den Herrscher bezieht Antigone mit ein:

> Ich hab's getan, wenn sie's getan, ich stimm'
> Ihr bei und trag mein Teil an ihrer Schuld. (536 f.)

Der Dialog der Schwestern, in der Form der Stichomythie gestaltet, enthält das Ausmaß von Ismenes Wandlung: Es geht ihr um das schwesterliche Mithelfen, sie sucht die Gemeinsamkeit des Unglücks.

Für Antigone bedeutet das Verfehlen des Todes Aufgabe des eigenen Ichs. Sie bleibt hart, besteht auf Distanz, betont die Gegensätze. Sie bleibt bei der Entscheidung in der Vergangenheit, duldet keine Verwischung der Grenzen. Die Tat der Bestattung gehört ihr allein — für die Schwester unerreichbar. Eine winzige Veränderung zeigt Vers 559: „Getrost, du lebst . : . " Das deutet auf ein gewisses Verständnis für Ismenes Position, ohne die scharfen Unterschiede zu verwischen: Ismene ist für das Leben bestimmt, Antigone für den Hades.

Für Kreon kommt die Richtung der Auseinandersetzung unerwartet, er zeigt kein Verständnis, spricht abschätzig von „den beiden" und bescheinigt ihnen Unverstand, 561 f.:

> Die beiden, sag' ich, sind von Sinnen, nun
> Auch noch die andere, diese seit Geburt.

Ismene lenkt das Gespräch auf einen anderen Aspekt. Sie glaubt dort noch helfen zu können, wo längst nichts mehr zu retten ist, wenn sie an die Verbindung Antigone — Haimon erinnert. Sie denkt nur in den Zusammenhängen des Tages und des Augenblickes, sie erreicht nicht den Raum, in dem Kreon das absolut Rechte verfehlt und Antigone dasselbe trifft.

Kreon weist rücksichtslos Ismenes Ansinnen ab, nennt Antigone eine Verbrecherin. Im Grunde ist die Verurteilung nur persönliche Rache für die Niederlage, die er erleidet:

> Wie dich der Vater, liebster Haimon, schmäht. (572)

Er sucht sich der Mitverantwortung des Chores zu versichern und stellt beide Mädchen auf eine Stufe. Zum ersten Male stellt sich hier eine Person offen auf die Seite Antigones, und so beginnt hier eine Linie, die Haimon fortsetzen wird.

Zweites Standlied — Zweites Stasimon

Im Unterschied zum ersten Stasimon ist der Täter jetzt dem Chor bekannt. Für die Thebaner ist Antigone schuldig, — was zu scharfer Verurteilung herausfordert. Sie betonen die Macht der Götter gegenüber den Menschen. Der Zentralbegriff ist der des Unheils, welchem der Mensch anheimfällt und in welchem die Strafe bereits eingeschlossen ist. Glücklich sind die, welche diese Erfahrung nicht machen.

Im zweiten Teil des Liedes, besonders gegen Ende, kommt der Begriff der Verblendung hinzu. Die Kategorien, die der Chor anwendet, sind konventionell und werden unsachgemäß auf Antigone übertragen.

Im ersten Strophenpaar geht es um das Unheil, das über dem ganzen Hause liegt. Es handelt sich um den aischyleischen Begriff des Geschlechtsfluches, der mit der Gewalt einer aufgewühlten See, die schwarzen Sand an die Küste treibt, verbildlicht wird. Aktuell vollziehen sich Schuld und Schicksal, zugleich Forstsetzung alten Frevels, aus der Tiefe der Zeit. Beispiel ist das Labdakidenhaus, dessen Leiden seine Mitglieder in immer neuen Stürmen treffen. Nach dieser Diagnose ist Antigone das Opfer dieses Fluches. Dies ist die distanzierteste aller möglichen Formen einer Stellungnahme zu Kreons ausdrücklichem Todesurteil. So wird implizite *er* derjenige, der den Erbfluch erfüllen muß.

Das zweite Strophenpaar befaßt sich mit dem Unheil, das aus dem Verhalten einzelner Menschen erwächst. Die Allmacht des Zeus wird gepriesen, der Gedanke der Übertretung mithineingenommen. Erfolglos sucht sich der Mensch zum Herrn über die in Kraft befindliche Ordnung des Zeus zu machen. Diese Kraft ist alterslos (Bild vom Schlaf als Unterbrechung und vom Wandel der endlosen Zeit). Antigone wird nach den Kategorien des Chores die Regel von der zeitüberlegen gültigen Macht des olympischen Bereiches bestätigen.

Angesichts dieser Macht ist der Mensch letztlich auch dann nicht außerhalb des Unheils, wenn er sie respektiert. Das ist der wahre Hintersinn, der auf Antigone paßt.

In der zweiten Gegenstrophe konzentriert sich die Betrachtung auf den Fall des in Verblendung befangenen Menschen. Die Aussage ist dramatisch mehrdeutig und nicht nur auf eine Person anwendbar. Ein zentrales menschliches Problem wird auf einer bestimmten Ebene aufgegriffen und reflektiert: Sich verkündende göttliche Macht gegen menschliches Sich-Verrennen. Dabei steht der äußere Sieg des rein menschlichen Bereiches gegen die wahre Relation zwischen Menschlichem und Göttlichem. Hintergründig heißt das, daß dem

Menschen das eigene Unglück als etwas Gutes erscheinen kann, wenn der Gott ihn zu einem Handeln führt, das den Tod bringt.

Die Prognosen des bald eintreffenden Unheils, die wie ein Refrain jeweils am Schluß des zweiten Strophenpaares stehen, erhalten große dramatische Wirkung, wenn man voraussetzen darf, daß Kreon auf der Bühne geblieben ist.

So gibt der Chor abermals ein Urteil in Kategorien ab, die auf Täterin und Tat nicht direkt anwendbar sind, aber einen deutlichen Hintersinn haben. Der Chor erreicht, daß Antigone moralisch in die Isolierung gerät.

Dritte Hauptszene — Drittes Epeisodion

Der Chor kündigt das Kommen Haimons an. Im folgenden steht Vater gegen Sohn in dialektischem Streit um Recht und Unrecht des Urteils, um Schuld oder Nichtschuld Antigones. Die Gegenbewertung setzt sich in einer zweiten, gesteigerten Stufe fort.

In den Rheseis werden die Standpunkte dargelegt, die Streitpunkte in der Stichomythie gegeneinandergestellt.

Haimon tritt in leidenschaftlicher Erregung auf:

> K.: ... und willst
> um deine Braut vor deinem Vater rasen? (632 f.)

Die scheinbare Gemeinsamkeit des Anfangs („Dein bin ich, Vater!" [635]) als Ausdruck geschuldeten Respektes und der Bitte um Gehör endet mit den Worten: „du wirst mich nie mehr wiedersehen" (763).

Kreon und Chor sehen den Grund von Haimons Erscheinen zunächst falsch, sie denken an den Schmerz über den drohenden Tod des Mädchens. Der Chor irrt insofern, als er nicht in Rechnung stellt, daß Haimon vom Recht Antigones überzeugt ist. In Wirklichkeit will Haimon den Vater vor einer falschen Entscheidung bewahren und spielt die Rolle des ersten Warners. Diese Funktion erfüllt ein Mensch, der zu Antigone und Kreon zwar verschiedene, aber gleich starke Bindungen hat. Da Haimon mit seinem Treuebekenntnis den genannten Sinn meint, ist die Entzweiung in „Dein bin ich, Vater" bereits angelegt mit dem Hintersinn: „Von dir hängt mein Los ab, ich gehöre dir zu, mein Freitod würde dich schwer treffen." Sachlich wünscht Kreon absolute Zustimmung; er läßt beim Sohn nur ein persönliches Motiv gelten: das Rasen eines Verliebten. Sein Absolutheitsanspruch hat zur Folge, daß Haimon nichts mehr für Antigone tun kann. Er mißversteht Haimons Worte, und so muß dieser über 42 Verse die Grundsatzerklärung des Vaters anhören.

Kreons Rhesis enthält fünf Hauptgedanken:

639—647: Das rechte Verhältnis zwischen Vater und Sohn, wobei Haimon in das Freund-Feind-Schema eingespannt wird.

648—654: Haimon soll Antigone aufgeben. Die Vorstellung, Haimon werde etwas Eisiges umarmen, deutet auf die Kälte des Todes.

655—660: Todesurteil und seine Begründung: Kreon disqualifiziert sich selbst durch sein Verhalten gegen die Angehörigen.

661—676: Reflexion über den guten Bürger, Verwerfung der Anarchie, Lob der Peitharchie: Militär und Politik werden verbunden, Disziplin ist die Schlußpointe.

677—680: „Vor keines Weibes Willen sich zu beugen" ist die Nutzanwendung aus den vorausgehenden Gedanken. Preisgabe politischer Macht an eine Frau ist noch schlimmer als ihre Preisgabe an einen Mann.

Der zentrale Begriff ist der des Gehorchens. Auf Haimon (Bereich: eigenes Haus) und Antigone (Bereich: Polis) wird dieselbe Maxime angewandt. Gehorsam muß geleistet werden:

Durch dick und dünn, Gerecht und Nicht-Gerecht, (667)

also auch in großen und ungerechten Dingen! Bei dieser Gedankenfolge handelt es sich nicht um ein Entwickeln und Fortschreiten, es wird vielmehr fortwährend auf bestimmte Wertverhältnisse verwiesen, deren begrenzte Gültigkeit ständig durchschimmert. Hier spricht einer in den Kategorien und Normen einer engen Welt, und nur aus seiner Welt heraus.

„Alle diese Sätze wären in Gefahr, als weitschweifige Allgemeinheiten zu ermüden, wären sie nicht mit einer geheimen Sprengkraft geladen, von der die Position des Sprechenden zerstört wird. Das Geheimnis bleibt aber dem genau Zuhörenden nicht verborgen. Antigone hat zu ihren Angehörigen die richtige Haltung ..., so sollte in ihrem Geiste, nicht in dem Kreons der Staat regiert werden" (Müller 153).

Haimons Antwortrhesis zeigt die Intention des Sprechers, sein Wollen vorsichtig-diplomatisch abzuschirmen. Der Chor räumt ein, daß Kreon vernünftig gesprochen habe. Haimon knüpft daran an, obwohl er dem Urteil nicht zustimmt. Der rote Faden von Haimons Gedankengang ist an die Begriffe Vernunft und Lernen (im Sinne von Einsicht) geknüpft. Er findet es richtig, daß Vernunft die größte Gottesgabe ist. In den Blickpunkt seiner Betrachtung rückt die Sache, nicht die Person. Er meint, Kreons falsche Argumentation beruhe auf dem Nichtwissen einer Tatsache: Die dem Herrscher verborgene Volksstimmung könne Anerkennung herbeiführen; nur die Furcht lasse das Volk nicht offen für Antigone votieren. Er geht vom Urteil anderer aus, um seine entgegengesetzte Position in die geeignete Form zu bringen. Es handelt sich um den diplomatischen Versuch, etwas Konträres als ebenfalls Richtiges hinzustellen.

In dem Preis Antigones ist die Klage über ihr Los eingeschlossen: ihr Handeln verdient den „Ruhm der besten Tat" (695), sie ist „goldenen Ruhmeskranzes wert" (699). Der Gedanke gibt das Mißverhältnis von Wert und Los zu verstehen. Kritik an Kreon hält Haimon zurück, dezent und diplomatisch läßt er den Wunsch erkennen, Harmonie mit dem Vater herbeizuführen, wobei er um des Rechtes willen Antigone und den Vater mit seiner Person einbezieht. Wie Kreon es als Glück betrachtete, einen gehorsamen Sohn zu haben, so formuliert Haimon den Gedanken nun reziprok, aber nur im Hinblick auf die eben begonnene Fürsprache für die Braut. Die Möglichkeit der Verständigung hängt nur an dem kleinen Schritt zur Einsicht. Dieser ist jedoch ungeheuer schwer gegen einen, der in seinem Umkreis befangen ist. Haimons Bitte muß nachdrücklich begründet werden. Die erste gnomische Formulierung ist von kaum überbietbarer Schärfe: Der Glaube an die eigene Unfehlbarkeit ist ein Trug (Bild des Aufklappens von etwas, das innen leer ist). Es folgt die Mahnung, einem Rat sich nicht zu verschließen (mit den Bildern von Sträuchern, die der Elementargewalt eines Gießbaches nachgeben müssen und von dem Steuermann des Staates, der das Steuer zu starr handhabt):

> Drum beuge dich, gib auch dem Wandel statt! (718)

Nichtssagend und konventionell stimmt der Chor Haimons Schlußgedanken zu. Er verwässert den Gedanken des Lernenmüssens, indem er Haimon empfiehlt, vom Vater zu lernen. Beide Partner, Vater und Sohn, wenden das Prinzip auf den einschlägigen Fall in entgegengesetzter Weise an, wobei nur der eine Recht behalten kann (Umkehrung der Begriffe). Hier beginnt die dialogische Auseinandersetzung, die in steter Steigerung zur äußersten Trennung führt. Sie besteht aus je einem Trimeterpaar, einer Stichomythie mit vierzehnfachem Redetausch und einem Abschluß von zweimal vier Trimetern. Kreon pocht in unsachlicher Weise auf sein Alter und weist damit ein Nachgeben von sich. Haimon muß sich dagegen verwahren, daß er Ehrfurcht vor Schlechten gefordert habe. Der Gedanke von der Meinung des Volkes kommt wieder auf. Anspruch auf uneingeschränktes Befehlen und kritischer Hinweis auf das Recht des Volkes prallen aufeinander. Kreon repliziert mit dem Vorwurf, Haimon stelle sich auf die Seite eines Weibes. Haimon muß sich gegen die Verkennung seines Motivs wehren. Entrüstet fragt Kreon zurück, ob seine ganze Fürsorge in einer rechtlichen Kontroverse mit seinem Vater bestehe.

Haimons Vorwurf:

> Du heiligst, der du Götterrecht zerstampfst? (745)

besagt, daß das Herrscheramt für ihn nicht vereinbar ist mit dem Zertreten der den Göttern schuldigen Ehrung. Das erneute Anrühren an die Grenzen der politischen Autorität führt wieder auf den Gedanken vom Vorrang des Weibes. Haimons Antwort wirkt doppelsinnig:

In Fron doch, wirst du sagen, keiner Schande! (747)

Dies bedeutet das Zurückweisen einer bloß naturhaften Abhängigkeit. Dabei ist angedeutet, daß er sich nach Antigones Hinrichtung der Schande der Situation durch Freitod entziehen wird.

Der Streit bekommt einen Höhepunkt:

Die wird ihr Lebtag nicht mehr dir getraut! (750)

Diese rohe Anspielung auf die Hinrichtung enthält in der boshaften rhetorischen Zuspitzung die Vorausdeutung auf die Katastrophe, in die alle Kontrahenten stürzen werden. Die Replik Haimons kündigt seinen Selbstmord an, für den Fall, daß das Gespräch ohne Erfolg bleiben sollte. Freilich kann die Drohung so, wie sie gemeint ist, auf das Denken des Vaters keinen Einfluß haben. Die generelle moralische Verurteilung seiner Handlungsweise durch den Sohn ist in Kreons Augen Beschimpfung und Schmähung. Der Befehl, das Mädchen sofort vor den Augen des Bräutigams hinrichten zu lassen, entsteht aus einer Art Jähzorn. Haimon entzieht sich der grausamen Konfrontation und deutet erneut seinen Selbstmord an. Die Erregung des jungen Mannes weckt im Chor die Vorahnung schlimmer Konsequenzen. Diese schlägt Kreon in den Wind. Haimons Bemühungen übersteigen das Menschenmögliche.

Kreon trifft zwei Entscheidungen: Antigone wird nicht gesteinigt (was er selbst allerdings auch nie gesagt hatte), Ismene wird die Hinrichtung erspart. Nur im Jähzorn dürfte Kreon an eine öffentliche Hinrichtung gedacht haben, doch an dieser Stelle muß er sich für eine Todesart entscheiden: die Einmauerung in der Grabkammer. Sie hat symbolischen Sinn: den einer verfeinerten Grausamkeit; die Berufung auf den Hades verhöhnt das Mädchen.

„Unzweifelhaft verwendet der Dichter den Brauch hier als Gotteslästerung. Der für die Stadt verantwortliche Mann wäscht seine Hände in Unschuld am Tode Antigones, Blutvergießen und physische Gewalt sind vermieden, die Polis steht unbefleckt da; denn es liegt ... an Hades, ob Antigone zu Tode kommt oder nicht" (Müller 612).

Die Schlußverse sind Ausdruck höchsten Übermutes und zugleich die Andeutung von Kreons Scheitern. So gelangt Kreon von der bisherigen Stufe des Nicht-Sehen-Könnens zu der des Nicht-Sehen-Wollens, wenn er sich in der Umkehr allein gegen die Polis stellt.

Drittes Standlied — Drittes Stasimon

Kreon ist abgegangen, um die Ausführung des Urteils zu veranlassen.
Der Chor besingt und beschwört die Größe des Eros in der Form des Götteranrufes, freilich ohne Bitte. In der Strophe wird Eros allgemein besungen, in

der Gegenstrophe seine Allmacht besonders betont. Anschließend an die vorausgegangene Szene geben die alten Thebaner ein Urteil über Haimon ab. Die Ursache für den Zusammenstoß zwischen Vater und Sohn sehen sie in der Macht des Eros. Das bedeutet, daß nur die Liebe zu Antigone Haimon auf die moralisch falsche Seite getrieben hat. Sie meinen dabei die Dinge von einem höheren Standpunkt aus zu sehen und führen die Haimon zugeschriebene Schuld auf eine Art dämonischer Einwirkung, der man sich nicht entziehen kann, zurück. Da Haimon in der vorigen Szene nicht als der leidenschaftliche Liebhaber, sondern als Sohn, der den Vater in vernünftiger Weise das für richtig Erkannte sehen lassen will, aufgetreten ist, gibt der Chor mit seinem Tadel ein Fehlurteil ab[1]; er zeigt ein eklatantes Mißverständnis des vorangegangenen scharfen Rededuells. Seine Beurteilung steht in Parallele zu derjenigen im zweiten Stasimon, wo er eine schwere Schuld glaubte erkennen zu können. Er verkennt das wahre Recht, das für Haimon allein relevant ist und das sein festes Auftreten gegenüber dem Vater veranlaßt hat. Wahr (wenn auch im Verhältnis dazu wenig relevant) bleibt, daß Haimon der Macht des Eros insofern unterliegt, als er der Verlobte Antigones ist.

Das ganze Lied erschöpft sich im Preis der Macht des Gottes; es ist also darauf angelegt, den Schauder vor göttlicher Macht zu erregen, durch die ein Mensch zum Spielball wird und zum Fehlverhalten verleitet wird. Gerade dadurch werden die Gegensätze scharf umrissen — hier die Blindheit für das wahre Recht, dort das tragisch einsame Los der Verlobten. „Es ist nicht mehr ein Preis der Macht der Liebe; oder vielmehr: es ist wohl ein Preis ihrer Macht, aber einer Macht, die den Menschen ins Verderben zu stürzen vermag und ihn wider Recht und Gerechtigkeit freveln läßt" (von Fritz 237). Der Schlußsatz bringt eine Variation des Grundgedankens, nämlich, daß sich Haimon gegen Gesetze vergeht, die in Kreons Augen „hochheilige Satzungen" sind: Der Chor beurteilt das Mädchen als eine Circe, das Mädchen, das sich von des Königs Satzungen frei gemacht hat und — siegt.

Vierte Hauptszene — Viertes Epeisodion

Hier setzt die dritte Stufe der Gegenbewegung mit einfachem Auftritt zum Handlungsumschwung ein.

Der Chor kündigt den Auftritt Antigones an, die zur Hinrichtung in ein Felsengrab geführt wird. Die Bühne wird belebt: Sklaven führen Antigone,

---

[1] Schwinge will einen Versuch des Chores erkennen, seine wirkliche Ansicht furchtsam zu verbergen. „Denn jener [der Chor] kann auf diese Art das tun, was dieser [Kreon] gerade vermeiden müßte: durch Zurückführen des jetzt negativ gesehenen Verhaltens Haimons auf eine göttliche Macht dieses gleichsam neutralisieren" (313 f.).

Sklaven tragen die Speisen, welche die Stadt vor der Befleckung schützen sollen, später (883) kommt Kreon mit Gefolge. Ihnen allen steht Antigone allein gegenüber. Die Wirkung des jammervollen Anblickes, die auf den Chor ausgeht, ist äußerlich Zeichen menschlicher Regung, bleibt aber an der Oberfläche. Der „Strom der Tränen" (803) fügt sich der moralischen Theorie nicht ein. Im Zentrum der Szene steht Antigones Klage, im ersten Teil als Amoibaion (Wechselgesang) gestaltet; Zentralmotiv ist die Selbstdarstellung: die Leidende kann sich in der Analyse ihres Leides kaum genug tun. Der Chor gibt nichtssagenden Zuspruch, ohne sein Urteil geändert zu haben; er will das Mädchen schonen, er kann aus seiner Sehweise heraus auf Motivation, Verurteilung und deren Begründung nicht eingehen.

> Dir selbst Gesetz, gehst einzige du
> Lebend hinunter zum Hades. (821—822)

Autonómos (im Zusammenhang mit der finiten Form des Prädikates) heißt das griechische Wort für „dir selbst Gesetz", unbewußt neben „gehst einzige du" Prädikation ihres Sinnes für das Rechte: Sie ist die einzige, die es erkannt hat. Explizit versagt der Chor die Anerkennung, doch die Art der Formulierung läßt den Nebensinn durchschimmern.

In der ersten Gegenstrophe stellt sich Antigone auf die gleiche Stufe wie Niobe, die, den Elementen ausgesetzt, ein qualvolles, langsames Ende erleidet:

> Und von weinenden Wimpern
> Tropft das Gestein: ... (831—832)

Antigone setzt dieses realitätsnahe Bild in Kontrast zu den Trostworten des Chores. Ihr wird das gleiche Los zuteil wie einer Feindin der Götter, deren Hochmut keine Grenze kannte. Der Chor versteht nur die äußere Ähnlichkeit. Die Bemerkung

> Doch Göttin ist sie ... (834)

scheint vordergründig und nichtssagend. Dieser Hinweis auf die Tantalidin könnte jedoch auch als Auszeichnung aufgefaßt werden — im Sinne einer Anspielung auf die Gottesnähe des Mädchens. Der Vergleich verhallt gewissermaßen. Antigone fühlt sich verlacht, geschmäht, gedemütigt (2. Strophe), von den thebanischen Bürgerrepräsentanten mißverstanden, verstoßen und in die Isolierung getrieben. Den heiligen Stätten der Heimat klagt sie ihr Leid, das keinen Widerhall findet. Hier äußert sich Antigone offen über das Schandurteil. Der Chor wollte dies mit Rücksicht auf die Situation vermieden haben. Nun spricht er das Verdammungsurteil, bekennt sich offen zu *seiner* Auffassung, wonach die Verfehlung der Heldin (ähnlich wie in der Theologie des Aischylos) im Geschlechtsfluch liegt. Der letzte Vers

> Deiner Schuld Erbteil wohl
> mußt du büßen (855—856)

mildert die Schuld etwas; es geht mehr um den Kampf, der dem Menschen schicksalhaft auferlegt sein kann.

Die Erinnerung an Ödipus rührt an eine alte Wunde (vgl. den Anfang des Dramas). Schmerzvoll beklagt die Tochter das Ausnahmegeschick des Vaters, das Eheunglück der Mutter. Wie ihre Eltern muß sie schuldlos Entsetzliches leiden. Es ist der gleiche Klagepunkt wie in der entsprechenden Strophe, nur an andere Instanzen gerichtet. Auch der Bruder wird angerufen. Mit ihm ist der letzte Sproß der Familie dahingegangen. Ismene wird nicht erwähnt. Der Chor antwortet mit einer Art Anerkennung und läßt sich bei ihrem Schmerzensausbruch zu einem Zugeständnis herbei:

> Fromm sein dient zu frommem Werke, ... (872)

Mit dem „Pathos des Schmerzes" (Müller 193) ist das Mädchen gegen eine Wand wohlmeinenden Unverständnisses angerannt. Die Schlußverse zeigen sie bar jeder Illusion — völlig resigniert. Sie hat es nicht erreicht, den Chor auf den Gedanken an die Sinnlosigkeit ihres Sterbens zu bringen.

Mit brutaler Schroffheit tritt Kreon auf die Szene. Der Gedanke, daß Antigone durch Klagen den Tod hinauszögern wolle, entspricht der Kleinlichkeit seines Denkens. Er drängt zur Exekution.

> Laßt sie allein! ... (887)

soll ihre absolute Isolierung bezeichnen, ist aber ein unbewußtes Omen insofern, als sie im Tode gerade nicht allein bleiben wird. Kreon will die Hinrichtung sogleich vollziehen lassen.

In einem großen Abschiedsmonolog spricht Antigone dann, den Tod vor Augen, aus, warum sie so handeln mußte und was sie im Hades zu erwarten hat. Der Anruf an die Grabkammer

> O Grab, o Brautgemach, o in der Erde
> Behausung ewiger Hut, ... (891—892)

benennt in einem dreifachen Anruf das für sie bestimmte Schicksal.

Neben den Klagetopoi werden bereits angeführte Motive weiter ausgeführt und erweitert: das Unglück der Eltern (857), die Anrufung des Polyneikes (871), die Anrufung Thebens als Zeugen für die Widersinnigkeit der Nomoi. Antigone zeigt hier eine veränderte Haltung gegenüber ihren früheren Auftritten. VV. 95—97 verklärte sie den Tod, jetzt klagt sie ihn an; 58 f. wies sie Ismenes Warnung zurück, nun klagt sie:

> Von denen ich zuletzt, zubitterst scheide
> Eh meines Lebens Anteil sich erfüllt (895—896),

wobei der letzte Vers auf ihre stolze Behauptung VV. 460 f. verweist:

> Denn daß ich sterben muß, das wußt' ich ...

VV. 555, 559 f. sprach von dem ihr angemessenen Tode, den sie selbst erwählt hat, jetzt ruft sie in höchstem Schmerz aus, als Kreon die Wachen für die Verzögerung verantwortlich macht:

> Weh mir, wie dicht zum Tode hin
> Trifft dieses Wort. (933 f.)

Diese Veränderung ist zunächst psychologisch zu interpretieren: Inhalt und Konsequenzen eines großen Entschlusses werden erst in der Konfrontation mit der Wirklichkeit erfahren. Auf der anderen Seite bricht sie jedoch nicht unter der Last und Not des Augenblickes zusammen. Die Gewißheit, das Rechte getan zu haben, bleibt. Es handelt sich um eine spezifisch griechische Verhaltensweise: Schon seit dem Epos (Ilias) klagt der Held über das Unbegreifliche, das die Götter senden. Hinzu kommt hier noch die menschliche Seite, daß ihr, dem jungen Mädchen, das Opfer nicht leicht fallen kann.

Im Zentrum des monologischen Abschnittes steht der merkwürdige Nomos von der Priorität der Bruderliebe: Die verlorene Lebenserfüllung wird durch die Pflichterfüllung am Bruder aufgewogen. Wie ihr Vater Ödipus leidet sie schuldlos, doch anders, weil sie bewußt göttlichem Recht gedient hat.

Immer wieder wird seit Goethe die Echtheit der Stelle angezweifelt, der sagt (Gespräche mit Eckermann 28. 3. 1827), daß der „vieles geben möchte, wenn ein tüchtiger Philologe uns bewiese, sie wäre eingeschoben und unecht". Die Erklärungsversuche (wenn nicht athetiert wird, z. B. neuerdings Müller 904 bis 920) sind zahlreich. Wir setzen Reinhardts Erklärung, die ihre Begründung aus einer herodoteischen Novelle nimmt, her, weil sie den für eine Interpretation höchsten Grad von Gewichtigkeit hat:

„Um kurz auch noch auf das ‚Kalkül' in ihrer letzten Rede einzugehen, das Goethe so enttäuscht hat (Gespräche mit Eckermann, 28. III. 27): so kommt ihr Befremdliches ja nicht vom Vorrang ihrer Bruderliebe über alles andere. Daß der Bruder als der Nächste gilt, nicht nur aus irgendwelcher Hingebung, im Überschwang geschwisterlicher Freundschaft, ist Erfahrung seit ältester Zeit. Daß im Vergleich zum Bruder der Gatte schon gar, doch selbst das eigene Kind wie etwas Austauschbares, Zufälliges scheinen kann, ist von der gleichen Art. Doch soll der Vorzug, der den Bruder auszeichnet, nichts Willkürliches sein, so muß er sich auf einen ‚Nomos' gründen. Wäre er nur seelisch, nur individuell, so hätte das in einer Sophokleischen Tragödie keinen Raum. Die Frage nach dem ‚Nomos' ist wichtig genug, um in diese erschüttertste Rede mitten hineingestellt zu werden. Erst durch den Bezug des Gegenwärtigen auf jenes Allgemeine kann das deutende Bedürfnis sich genügen. In seiner Begründung dieses ‚Nomos' folgt nun freilich Sophokles einer herodoteischen Novelle. Aber gar so ‚unlogisch', wie die Erklärer meinen, ist auch in seinem veränderten Zusammenhang das ‚Kalkül' keineswegs. Denn nicht dies eine, dies individuelle Handeln der Antigone, sondern der ‚Nomos' ihres Handelns wird damit begründet, daß Gatte und Kind zu ersetzen seien, der Bruder nicht. Der ‚Nomos' aber bleibt bestehen, gleichviel ob Schwester oder Bruder tot sind oder leben. Und sehen wir von Goethes Seelendrama ab, versetzen wir uns in die Welt dieses so anderen Spiels der Daseinsmitten — man verzeihe Kürze halber diesen Ausdruck —; lassen wir die menschlichallgemeinen, im Sinne des ‚Nomos' gültigen Zusammenhänge gelten: so weicht das ‚Kalkül' einer kaum mehr entbehrlichen Begründung: wie dem göttlichen Gesetz, wie ihrer eigenen Natur, so folgt Antigone dem ‚Nomos' der geschwisterlichen Liebe. Für Sophokles ist eins im anderen einbeschlossen" (Reinhardt 92).

Man könnte es auch so sehen, daß das Gebot der Götter und die Stimme ihrer eigenen Natur ein und dasselbe sind. Die Begründung ihres Handelns würde nicht den bisherigen Motiven widerstreiten, sondern der ganze Komplex würde eine Einheit bilden.

An der Schwelle des Todes erkennt Antigone, daß der Wert des Lebens nicht einfach zu negieren ist. Die einseitige Hinwendung zum Tode widerspricht der wahren Bestimmung des Menschen.

Der Chor zeigt sich zaghaft, fast besorgt, doch Kreon drängt (929 ff.). Die Choreuten betrachten es als unmöglich, sich dem Edikt zu widersetzen. Ungebrochen und trotzig zeigt sich Antigone bei ihrer Abführung, aus dem letzten Vers spricht die Sicherheit des Recht-gehandelt-Habens, weil sie Heiliges für heilig gehalten hat. Der Strukturzusammenhang dieser Szene ist darauf angelegt, mit allen Mitteln Antigones Einsamkeit hervorzuheben. Doch ganz so allein, wie sie sich glaubt, ist sie nicht. VV. 692 ff. hat Haimon von der Billigung der Tat durch die Stadt gesprochen, der Chor zeigt sich freilich ohne Verständnis.

Viertes Standlied — Viertes Stasimon

Antigone wird langsam von der Bühne weggeführt, der Chor singt ihr den Grabgesang. Mit drei mythischen Exempla, die von der Einkerkerung von Menschen mit königlicher Abkunft handeln, wird Antigones Los in Beziehung gesetzt. Der Chor ordnet damit den „Fall Antigone" vergleichbaren Geschehnissen zu, um nicht verständnislos zu erscheinen. Einige an Antigones Geschick auffallende Motive werden variiert: Verlust des Lichtes, hohe Abkunft der geschlagenen Personen, unerbittliche Macht der Moira gegenüber allen Menschen. Im Grunde genommen handelt es sich nicht um Parallelfälle; es ergeben sich lediglich Berührungspunkte.

Zwei Frauen und ein Mann werden gewählt: Danae, die ungenannte Kleopatra, der Edonenfürst Lykurgos. Letzterer steht in der Schilderung des

Chores zwischen den beiden Frauen: Er frevelte gegen den Gott Dionysos, indem er seine Verehrung verhinderte; deswegen wurde er bestraft. Im Gefängnis kam er dann zur Einsicht. Den beiden Frauen dagegen ist keine Schuld anzulasten, ihre Gemeinsamkeit mit Antigone besteht nur in der Abstammung und der Art ihres Todes. Sinn des Hinweises auf die mythischen Exempla kann nur der sein, daß als eine Art Trost das schwere Geschick im Vordergrund steht gegenüber schuldhaftem Verfehlen. Der milde Ton drückt sich darin aus, daß Antigone persönlich angeredet wird — gleichsam als Apostrophierung der Totenklage.

Man darf aus den Versen 988—991 (Auftritt des Teiresias) wohl schließen, daß Kreon auf der Bühne geblieben ist und die Worte des falsch urteilenden Chores anhört. Man könnte daran denken (so Müller 214), daß es in der Absicht des Dichters liege, möglichst viele Züge des Edonenkönigs auf Kreon abzustimmen.

Mit Antigones Einkerkerung wird Kreons Handeln gegen die Götter abgeschlossen und sein Schicksal durch die für Antigone gedachten Paradigmen antizipiert. „Damit ist auch der eigentliche Grund der Anwesenheit Kreons während dieses Stasimon deutlich: Der Chor kann ihm so persönlich, ohne daß er es merkt, sein Schicksal ausmalen, noch bevor es gleich nach Beendigung des Lieds mit dem Auftritt des Teiresias seinen Lauf zu nehmen beginnt" (Schwinge 320). Da der Chor von Antigones Verfehlung überzeugt ist, vergleicht er ihr Los mit Danaes und Kleopatras unentrinnbarem Schicksal. Die tragisch-ironische Redeweise vom Götterkind (986) birgt den Hintersinn vom wahren Götterkind.

Eine Anspielung und Vorwegnahme des Kommenden dürfte auch in der ausführlichen Beschreibung des Unglücks der Kleopatrasöhne liegen, die schuldlose Opfer sind: Haimon in seinem Verhältnis zu Antigone!

Fünfte Hauptszene — Fünftes Epeisodion

Mit großem Bühneneffekt überrascht der Seher Teiresias den Chor und Kreon, die auf diese Begegnung nicht gefaßt sind: Die körperliche Erscheinung des Blinden, das Geführtwerden sprechen für sich, der Auftritt braucht nicht angekündigt zu werden.

Die Konfrontation mit dem Seher zeigt Kreon auf dem Gipfel der Verblendung. Dieser bedient sich weiterhin seiner politischen Kategorien in Parallelität und Umkehr zum dritten Epeisodion. In Vers 997:

Was heißt das? Schaudernd horch' ich deinem Munde

wird bereits die Divergenz angekündigt, auf die die Szene hinausläuft. Das eigentliche Erschauern wird aber erst mit der Katastrophe einsetzen, weil sich Kreon den Mahnungen des Sehers verschließt. Der kurze, stichomytische Wortwechsel erinnert zunächst daran, daß Kreon schon einmal den Rat des Sehers zum Nutzen der Stadt befolgt hat.

Die Verkörperung des Wissens und der Wahrheit berichtet von unheilvollen und den Zorn der Götter anzeigenden anomalen Symptomen: Die Altäre werden physisch befleckt, d. h. das unangreifbare Recht der Götter ist angetastet, die Stadt krankt. Diese Zeichen führt Teiresias auf Kreons Handlungsweise zurück: seine Schuld ist für ihn evident. Der Aufbau der Seherrede enthält die Diagnose mit der möglichen Therapie in der Form der Mahnung: Die Forderung zur Nachgiebigkeit erfährt ihre Begründung darin, daß die Verfolgung eines Menschen über seinen Tod hinaus als verfehlte Handlungsweise gegenüber einem Bereich hingestellt wird, für den die relativen Normen des menschlichen Bereiches keine Geltung haben. Die Autorität des Sehers, die Einfachheit und Übersichtlichkeit seiner Rede bringen den König in größte Bedrängnis. Zweimal lehnt Kreon des Teiresias Forderung definitiv ab (1039 und 1042 f.). Jäh und schroff zeigt sich erneut der Eigensinn des Herrschers; er bringt den Seher in sein Schwarz-Weiß-Schema und glaubt an eine erweiterte Front politischer Gegner: Antigone — Haimon — Teiresias. Der Gedanke vom Gewinn taucht wie bei Ödipus auf[1]: Er sieht sich als gewinnbringendes Objekt verraten und verkauft. Mit der Anschuldigung der Bestechlichkeit ist eine schreckliche Gotteslästerung verbunden:

Und sollten auch Zeus' Adler ihn als Raub
Hinauf zum Thron des Vaters selber tragen, ... (1040—1041)

Damit überbietet er die Besudelung der Altäre. Mit seiner hochgesteigerten Überhebung verscherzt er die noch mögliche Rettung: Die Drohung am Ende seiner Rede richtet sich eigentlich gegen ihn selbst.

Das Aufeinanderprallen in der Stichomythie zeigt, daß keine sinnvolle Lösung mehr möglich ist. Teiresias betrachtet Kreons Ausbruch nicht als gegen seine Person gerichtet, sondern als Zeugnis größter Verblendung. Er weist zudem auf die Sinnlosigkeit und Hohlheit der Anklage hin. Offen spricht er die Verdammung des Königs aus:

Und bist am selben Leiden selbst doch siech. (1052)

---

[1] In dem großen Streitgespräch (1. Hauptszene) mit dem Seher Teiresias kann Ödipus mit der Beschränktheit seines Wissens die Wahrheit, die in den Worten des Blinden enthalten ist, nicht erkennen. Er verdächtigt ihn wie Kreon als Urheber einer politischen Verschwörergruppe.

Nun beginnt der Zweikampf mit den schärfsten Vorwürfen. Die Verabsolutierung des politischen Amtes wird scharf in Frage gestellt:

> Kreon: Weißt du, daß du zu einem Fürsten sprichst?
> Teiresias:
> Ich weiß, durch mich blieb dir die Stadt bewahrt. (1057—1058)

Daß Teiresias dieses Amt mit hat begründen helfen, steigert die Autorität seiner Aussagen. Kreons Antwort:

> Die Kunst verstehst du — leider ränkevoll (1059)

läßt die Verkündung des Unheils aus dem Seher hervorbrechen.
In seiner zweiten Rede verkündet der Seher dem König in verhüllter Orakelsprache das unvermeidliche Unglück, den Tod Haimons. Prophetisch und verschleiert wird die Frist genannt, in der das Verhängnis eintreten wird. Antigone ist der oberen, Polyneikes der unteren Welt genommen worden: Haimons Tod ist der Preis, den Kreon dafür zahlen muß.

Teiresias weist nochmals Kreons Verdächtigungen zurück und verkündet dabei die rasche Erfüllung seiner dunklen Drohung (1077—1086). Das Bild vom Pfeilschuß bewahrheitet sich nun — jedoch anders, als es Kreon gemeint hatte: Der Schütze versendet seine Pfeile nicht aus Bosheit (1033 ff.), sondern im Dienste der Wahrheit. Warnend kommentiert der Chor Teiresias' plötzlichen Abgang (1091—94). Kreon und der Chor geben sich der Hoffnung hin, daß eine Rettung noch möglich ist. Sie verkennen die Differenzierung von Warnung und Prophezeiung. Der Chor sieht nicht das Zu-spät, das in dem Abgang des Sehers liegt.

Kreons scheinverfangene Sicherheit beginnt zu wanken. Das bisherige Verhältnis der Partner Kreon — Chor kehrt sich um. Der König sucht den Rat der Thebaner, doch eher aus Angst als aus dem Willen zur Umkehr. Die Maßstäbe seiner begrenzten Welt versagen. Im Dialog mit den Choreuten akzeptiert er das, was Teiresias vergeblich gefordert hatte: Sichfügen, Sichrecht-beraten-Lassen, Nachgeben. Er ist zwar entsetzt über die bedingungslose Kapitulation, die von ihm verlangt wird, doch es drängt ihn zur Eile. Er gibt die so lange verteidigte Position auf und will auf Anraten des Chores höchstpersönlich das von ihm Eingeleitete ändern, aber seine Entscheidung kommt zu spät. Er befindet sich weiterhin in der Welt des Scheines, die von Teiresias verkündete Verurteilung durch die Götter hat bereits stattgefunden. Sein Nachgeben ist nicht Ausdruck wahrer Einsicht, sondern Beginn seines Sturzes. Die Verwicklung, die er selbst lösen will, ist nur noch durch die Katastrophe möglich. Im Gegensatz zu Ödipus ist Kreon ein untragischer Antagonist mit leerem Schicksal. Ihm fehlt die Dignität des tragischen Helden.

Fünftes Standlied — Fünftes Stasimon

Der Chor ruft in einem Gebet Dionysos zu Hilfe. Das Gebet ist in den typischen Formen des Anrufungshymnus gestaltet: Anrufung des Gottes, Nennung seiner verschiedenen Namen, detaillierte Beschreibung seines Wirkens und Nennung der von ihm besonders bevorzugten Orte. Hinzu kommt der Hinweis auf frühere Hilfeleistung. Aus den engen Beziehungen des Gottes zur Heimatstadt der Choreuten erhalten die Bitten ihre Legitimation.

Der Chor bittet für die Stadt, für Antigone nur insofern, als eine Befreiung von der Befleckung ohne Rücknahme der Strafe nicht möglich ist. Die Worte des Sehers haben die alten Thebaner nicht klar begriffen, obwohl sich die Prophezeiung nur auf Haimon beziehen kann und sie selbst darauf verwiesen haben, daß Teiresias nie geirrt hat (1091). Auch der Tod des Königssohnes könnte die Stadt heilen, das wäre die Alternative zu Antigones Befreiung. Aber darüber kommt keine Klarheit zustande, obwohl der Chor sowohl bei Haimon als auch bei Teiresias darauf verwiesen hatte.

Das hoffnungsvolle Beten hat insofern etwas Schauerliches, als dem Hörer die Katastrophe deutlich vor Augen steht. Je intensiver die Bitten sind, um so deutlicher wird die Vergeblichkeit des Unterfangens.

Die Kontrastwirkung nach beiden Seiten (fünftes Epeisodion und Exodos) wird in ihrer dramatischen Funktion klar, wenn unmittelbar nach dem Lied der Bote mit der Schreckensnachricht ankommt.

Zu voreilig begibt sich der Chor in einen dionysischen Freudentaumel: Wie in der Parodos glaubt er alle Probleme gelöst. Daß die Macht des Gottes Leben und Tod umfaßt (der Gott der Freude kann zugleich schrecklich und todbringend sein), bleibt hintergründig. Anfangs- und Schlußworte des Liedes („Vieler Namen du ... " 1115 und „die ... durch rasenden Tanz preisen Jakchos, ihren Herrn!" 1152 f.) sind inhaltlich ambivalent: Die Namen sind so zahlreich und verschieden, daß sie Leben und Tod bedeuten können; das Rasen gilt sowohl für Freude wie für Schmerz.

Schlußszene — Exodos

Unser Drama weist einen Ecce-Schluß auf: „Ich bin nicht mehr als nichts". Der Bote meldet Haimons Tod, er überbringt die Schicksalsnachricht, sein Auftritt wird deshalb nicht angekündigt.

Die ganze Szene hat keinen Höhepunkt, weil sich Kreon nicht zur Größe wahrer Einsicht erhebt. Auf Eurydikes schweigenden Abgang folgt Kreons Auftritt mit der Leiche des Sohnes. Eurydikes Freitod vergrößert die Katastrophe. Kreon steht da als der Nichtige, seine Klagen steigern sich ständig. Die dramatische Funktion liegt im Kontrast zur scheidenden Antigone. In diesem Gegensatz liegt die Dialektik des ganzen Stückes.

1. Die Botenszene

Der Bote übermittelt Kreons Katastrophe der Öffentlichkeit. Verschiedene Gedanken klingen in seiner Rede an: Wandelbarkeit des menschlichen Glückes, Unberechenbarkeit der Tyche, Schuld Kreons, moralische Kritik, Selbstherrlichkeit der politischen Macht.

Und jetzt — zerronnen alles (1165)

bedeutet, daß der König alles verloren, ja vertan hat. Die Formulierung vom „lebenden Leichnam" ist die Identifizierung des Gegensatzes von Freude und Freudlosigkeit mit dem von Leben und Tod.

Die Stichomythie ergibt detaillierte Information über das Geschehen um Haimon. Chor und Bote konzentrieren sich in ihren Äußerungen ganz auf Kreon, Antigone wird nicht genannt. Sie betrachten irrtümlicherweise die Katastrophe als abgeschlossen.

Durch Hineinnahme Eurydikes kommt das Ausmaß der Katastrophe stufenweise zustande. Die sachliche Relevanz ihrer Funktion in diesem Auftritt liegt darin, daß die Grenze gezeigt wird, jeweils derer das Weiterleben für einen Menschen keinen Sinn mehr hat. Die Königin hört den Botenbericht an. Ohne einen Klagelaut geht die Leidgeprüfte (Schwester des Ödipus) von der Bühne. Der Bote redet nur sie an, weil sie am schwersten getroffen ist, zumal sie keinen Anteil an dem Geschehen hatte.

Der Gang zur Grabkammer wird geschildert, wobei Kreon auf die Klageschreie Haimons aufmerksam gemacht werden muß. Dann wird Antigone erhängt aufgefunden: bei ihr Haimon, sie umfassend. Beklagt werden der gewaltsame Tod, die Schuld Kreons, das unglückselige Ehelager (Haimon und Antigone im Tode vereint). Das Bild von der Grabkammer als Ehebett am Ende des Berichtes ist verbunden mit der moralischen Mahnung, sich unvernünftiger Unberatenheit zu enthalten.

Die Erklärung des Boten zu Eurydikes Abgang ist zu harmlos, wenn er meint, sie werde aus ihrer Lebenserfahrung die öffentliche Klage vermeiden. Der Chor warnt vor möglichem Unheil: Das Schweigen der Königin legt diese Annahme nahe. Gleich darauf erfolgt die Ankündigung von Kreons Auftritt mit der Leiche des Sohnes. Am folgenden Klagelied beteiligt sich der Chor nicht. Es fehlt überhaupt ein Wort der Selbstkritik von dieser Seite: Die

Choreuten sind mit Kreon, allerdings zu spät, zur Erkenntnis der Folgen gekommen, die Kreons Verhaltensweise nach sich gezogen hat.

2. Der Kommos

Nach Kreons Klage über den Tod seines Sohnes bringt der Bote die Nachricht vom Selbstmord der Gattin. In der Gegenstrophe klagt der geschlagene König über den erneuten Verlust, der die Katastrophe verdoppelt. Inzwischen wird Eurydikes Leiche sichtbar (bühnentechnisch durch Verwendung des Rollenapparates, des Enkyklemma). Danach beschreibt der Bote den Freitod der Königin. Der Jammer Kreons steigert sich vor allem im Hinblick auf das weiterzuführende Leben. Der Bote ergänzt und vervollständigt seine Schilderung vom Ende der Königin. Der Chor verweist Kreon auf die Götter. Die Szene zeigt straffe Gliederung, Variation und Eskalation.

Für Kreon ist nur noch das Klagen geblieben, das Klagen eines Menschen, der nichts anderes mehr ist als niemand.

Antigones Geschick ist Folie für Kreon, und sein Schicksal wird hintergründig von dem des Mädchens beleuchtet. Das Mädchen mußte sterben, obgleich das Leben für sie erst begonnen hatte. Kreon muß weiterleben, und der einzig glückliche Augenblick wird der seines Todes sein. Antigone klagte, daß sie so früh sterben müsse. Kreon klagt, daß er weiterleben muß. Kreons Kommos ist das genaue Gegenbild zu dem Antigones. In beiden Szenen wirkt die Verlassenheit dessen, der über den nahen Tod bzw. das weitere Leben klagt.

„Daß der Ruhm Antigones und ihr schuldloses Leiden bis zuletzt dem Gemüt und selbst dem Ohr präsent sein sollen, kann man sogar den angeblich rein konventionellen Schlußanapästen entnehmen, wenn man sie nur richtig auf den zweiten Sinn abhört, der auch hier nicht fehlt. Weisheit und Frömmigkeit als bester Teil der Eudaimonie werden gepriesen: zum Schluß aber erfährt man, worin die Weisheit sich orientieren soll. ‚Große Worte von Übermütigen finden ihre Buße in großen Schicksalsschlägen und lehren so im Alter die Weisheit'. So lautet nun das Urteil des Chors über Kreon. Aber wie in der ganzen Tragödie immer wieder das objektive Urteil der Wahrheit, das theologische Urteil des Dichters hinter den Urteilen der Mitspieler, auch gerade des Mitspielers Chor, aufleuchtete, so ist es nun auch im letzten Satz" (Müller 272).

3. Struktur

„Bei jeder Tragödie gibt es eine Knüpfung und eine Lösung. Die Knüpfung vollzieht sich meist außerhalb und nur teilweise innerhalb des Dramas. Alles übrige ist die Lösung. Ich nenne Knüpfung jenen Teil vom Anfang bis zu dem letzten Stück unmittelbar vor dem Übergang ins Glück oder ins Unglück, Lösung den Teil vom Beginn des Übergangs bis zum Ende" (Aristoteles, Poetik 1455 b 24 ff., Übersetzung: Gigon).

In phänomenologischer Betrachtungsweise hat Aristoteles eine Bestandsaufnahme für die Tragödie vorgenommen. Zum ‚Machen‘ einer Tragödie gehören sechs Dinge: zwei als Mittel für Auge und Ohr: Bühnenausstattung und musikalische Ausstattung; drei als Gegenstände nachahmender Darstellung (geschlossene Handlung, Gesinnungen, Gedanken), eines als Form (Reden der Menschen, die da handeln) (Poetik 1450 a 11 f.). Das Unentbehrliche bleibt der Bauplan der Handlung: durch ihn werden die beteiligten Personen gestaltbar. Das Gerüst der Handlung heißt ‚Mythos‘ (Fabel), also das, was von dem Stück übrigbleibt, wenn sein Inhalt in konzentrierter Kürze wiedergegeben wird. Die wirkungsvollsten Mittel der Spannung sind Peripetie (Schicksalsumschlag) und Anagnorisis (Entdeckung).

Die „Antigone" besteht aus sieben Szenen, zwischen denen jeweils eine Chorpartie liegt. Der Bauplan ist straff und weist auffällige Szenenentsprechungen auf. Das ganze Drama ist auf den Ablauf eines Tages festgelegt; der Prolog spielt am frühen Morgen, die Exodos hat abendlichen Charakter. Die Exposition im Prolog leitet aus der Vorgeschichte über in die Handlung, die ihren Ausgang nimmt von Kreons Edikt und Antigones Entschluß. Der Tagesablauf vollzieht sich in wechselvoller Weise in fünf Hauptszenen. Ein besonderes Gewicht hat die Doppelung der Tat und die Aufteilung ihrer Entdeckung auf zwei Hauptszenen durch den zweifachen Wächterbericht. Oft ist in der Forschung die Frage nach dem Motiv für den zweimaligen Gang zur Leiche des Polyneikes gestellt worden. Selbst Reinhardts Erklärung ist nur ein

Übersicht

Prolog		1. Epeisodion		2. Epeisodion		3. Epeisodion
Exposition Antigones Vorhaben	Parodos	Kreons Staatsrede Ausführung der Tat	1. Stasimon	Eigentlicher Beginn der Katastrophe; Entdeckung und Urteil	2. Stasimon	Haimons Eingreifen, Abrücken vom Vater
						Haimon …
						Ausführung …

Behelf, der am Sinn dieser Strukturierung vorbeigeht: „Um die Menschen-
klugheit noch mehr zu verwirren, ... wird dem Sinn des menschlichen Zusam-
menhanges sogar Gewalt angetan, muß die Bestattung statt einmal, womit
dem Brauch genug getan wäre, ein zweites Mal vollzogen werden" (84). Der
zweimalige Gang ist vielmehr bewußt strukturiert, einmal im Hinblick auf
die Wächterfigur in der Form der Umkehrung aufeinander bezogen (Angst
und Triumph des Wächters), zum anderen in der Steigerung des Bekenntnisses durch die Form der Entsprechung (Antigone bekundet ihren Willen,
die Bestattung auf jeden Fall — unter Mißachtung auch zweimaliger Gefähr-
dung ihres Lebens — durchzusetzen). Dem gleichen Strukturgesetz folgt der
zweite Ismeneauftritt: Entsprechung dadurch, daß Ismene nochmals mit dem
Geschehen konfrontiert wird, Umkehr dadurch, daß sie sich in Schuldbekennt-
nis und Todesurteil miteinbezieht.

Die dritte Hauptszene nimmt einen Teil der Schlußszene mit Kreons Bestrafung vorweg. Der Abschiedsklage Antigones im Melodram der vierten
Hauptszene (womit die Antigonelinie abschließt) entspricht das zweifache
Melodram in der Exodos als Abschluß der Kreonlinie, in pointierter und
gesteigerter Entsprechung. In der fünften Hauptszene erfüllt sich der Tag in
seinem Auf und Ab in der für Kreon unaufhaltsamen Realität des Zusam-
menbruches. Die Schlußszene bringt in drei Bildern den Tod Antigones und
die Vernichtung Kreons und seiner Familie.

3. Stasimon	4. Epeisodion	4. Stasimon	5. Epeisodion	5. Stasimon	Exodos	
			Scheinbare Peripetie zum Guten		Aufdeckung der vollkommenen Katastrophe	
	... verläßt den		Vater		Bekanntwerden von Haimons Tod	ECCE
	... des Urteils angeordnet		Teire- Kreons sias Einsicht		Eurydike wählt den Freitod	
	Antigone nimmt Abschied vom Leben		Tod Antigones			

IV. Gedanken und Probleme — Aspekte der Deutung[1]

Nur wenige Dichtungen der Weltliteratur sind bis auf den heutigen Tag größerer Mißdeutung ausgesetzt als die Antigone des Sophokles. Nicht schuldlos ist die Nachwirkung von Hegels Interpretation. Die neuere Forschung hat seit Karl Reinhards Sophoklesbuch von 1933 variierende, auch kontroverse Aspekte der Deutung gesetzt.

1. Überblick

Hegel:

Antigone verletzt das Recht des Staates, Kreon das der Familie. Die Antinomie zweier gleichberechtigter Prinzipien macht das Wesen der Tragödie aus.[2]

Reinhardt:

Schicksalhaft miteinander verbundene Personen prallen aufeinander. Sie sind in ihrem Wesen verschieden und vertreten jeweils verschiedene Bereiche: Kreon einen engen, begrenzten, Antigone einen weitergreifenden. Beide Bereiche verhalten sich zueinander wie das Bedingte zum Bedingenden.

Bultmann:

Antigone hat das Wissen, daß menschliches Dasein und politischer Raum durch die jenseitige Macht des Hades begrenzt werden. Menschliches Verhalten gedeiht dann, wenn diese Macht respektiert wird.

Diller:

Antigone weiß, was gottgewollt und menschlich richtig ist, und verbindet damit die Einsicht in das Schicksal, das ihr zuteil wird (der heraklitische Gegensatz zwischen dem Wissen, das der tragische Held hat oder gewinnt, und der engen, untragischen Vorstellungsweise seiner Umwelt).

Schadewaldt:

Die Frage nach dem Recht Antigones bleibt in der Schwebe.

---

[1] Aus den Deutungsversuchen wählen wir (nicht zuletzt im Hinblick auf den Verwendungszweck der vorliegenden Arbeit) so aus, daß ein Bild des derzeitigen Forschungsstandes entsteht.

[2] Ähnlich der Philologe und Historiker A. Boeckh in seiner Berliner Ausgabe von 1843. Im Jahre 1875 konnte der Philologe K. Lehrs sagen: „Wir mußten beweisen, daß der armen Antigone ganz recht geschehe" (Populäre Aufsätze aus dem Altertum, Leipzig 1875, 468).

Müller:

Antigone hat ganz und gar recht, Kreon ganz und gar unrecht. Sophokles ist als Dichter Theologe und macht theologische Aussage von axiomatischer Strenge. Der theologische Sinn ist faßbar hinter der Meinung des handelnden und irrenden Chores. Durch das Verhältnis von Schein (Welt des Kreon) und Wahrheit (Macht des Hades) bedingt, kann nur Antigone Protagonistin sein; Kreon ist nicht der Kämpfer gegen die Götter. [1]

Schwinge:

Sophokles zeigt mit dem Chor, wie sich eine Masse unter einem Tyrannen verhält: Sie geriert sich scheinbar loyal oder bleibt passiv, steht aber im Grunde auf Antigones Seite.

Patzer:

Antigone oder Kreon könnten beide als Hauptpersonen aufzufassen sein.[2] Möglich erscheint eine Differenzierung nach ,szenischer' und ,thematischer' Hauptperson: Zwei Hauptfiguren sind Träger einer Konflikthandlung, der tragischen Heldin steht die Pseudoform eines tragischen Helden als Foliengestalt gegenüber.

Rösler:

Ein Staat gerät in schwere Turbulenzen, wenn die Regierung nicht demokratisch legitimiert ist und keine Kommunikation zwischen ihr und der Bevölkerung entsteht.

2. Dokumentation

Hegel:

In dem für mich absoluten Exempel der Tragödie, in der Antigone, kommt die Familienliebe, das Heilige, Innere, der Empfindung Angehörige, weshalb es auch das Gesetz der unteren Götter heißt, mit dem Rechte des Staats in Kollision. Kreon ist nicht ein Tyrann, sondern vertritt etwas, das ebenso eine sittliche Macht ist. Kreon hat nicht unrecht; er behauptet, daß das Gesetz des Staates, die Autorität der Regierung gewahrt werden muß und Strafe aus der Verletzung folgt. Jede dieser beiden Seiten verwirklicht nur die eine der beiden, hat nur je eine zum Inhalt. Das ist die Einseitigkeit, und der Sinn der ewigen Gerechtigkeit ist, daß beide unrecht haben, weil sie einseitig sind, aber damit auch beide recht. Beide werden im ungetrübten Gange der Sittlichkeit anerkannt; hier haben sie beide ihr Gelten, aber ihr ausgeglichenes Gelten. Es ist nur die Einseitigkeit, gegen die die Gerechtigkeit auftritt.

---

1 Implizit ausgesprochen bei Patzer, Die Anfänge ..., 159 f.

2 Nach einem Vortrag: „Hauptgestalt und tragischer Held in Sophokles' Antigone", gehalten am 27. 11. 1976 vor Griechisch-Lehrern in Meisenheim/Glan, jetzt Patzer, Hauptperson ...

(Die Gesinnung der Notwendigkeit, Lasson XIII, Meiner, Bd. 61, 152 ff.; hier zit.
nach: Hegel, Auswahl und Einleitung: F. Heer, Bücher des Wissens, Fischer-Bücherei
86, 197)

Reinhardt:

Da die Sophokleische Tragik in der Lagerung menschlicher Mitten und deren Exzen-
trizität zur Mitte der göttlichen oder — was dasselbe ist — dämonischen Zusammenhänge ihren Ursprung hat: so kann dieselbe tragische Unstimmigkeit nun entweder
durch eine einzige, gewaltige Abschleuderung und zerstörende Vereinzelung zum
Drama werden — so ist es im Aias und im ,König Ödipus' —; oder es können zwei
menschliche Zentren, mitsamt ihren Welten, beide gleich exzentrisch, um dieselbe
unsichtbare Mitte sich bewegen, jede gleich sehr um ihr Gleichgewicht und Maß
gebracht und aus der Bahn geworfen. Die Einsicht des Vorgangs zeigt sich dann nicht
mehr in der Vereinzelung des Einen, sondern in der Lage beider zueinander und
beider Bezug zur unsichtbaren, nur erratbaren, durch Zeichen andeutbaren Mitte des
dämonischen Zusammenhangs. Dies zweite ergibt die Grundform für jene Tragödien,
die man unter den gemeinsamen Begriff des Doppel-Schicksals bringen kann ...

Dagegen sind die üblichen Begriffe und Kategorien, mit denen man seit Hegel sich
bemüht hat, an das Wesen der Antigone heranzudringen — die siegreiche und die
unterliegende Sache, Spiel und Gegenspiel, Recht gegen Recht, Idee gegen Idee,
Familie gegen Staat, tragische Schuld und Sühne, Freiheit der Persönlichkeit und
Schicksal, Individuum und Gemeinschaft (Staat, Polis) — von der klassizistischen
oder nachklassizistischen Ästhetik abgezogen und entweder so allgemein, daß sie auch
auf das deutsche Drama anwendbar sind — und folglich sind sie zu weit; oder sie
scheinen zur Antigone zu stimmen, stimmen dafür aber schon nicht mehr zur nächsten
besten der erhaltenen Sophokleischen Tragödien — und folglich sind sie zu eng.
Es geht nicht an, für die Antigone sich eine Formel auszusinnen, die für alles Übrige
versagt.

... auf die eine Seite [kommt] etwas für unsere Begriffe so Vielfältiges zu stehen,
wie: Blut, Kult, Liebe zum Bruder, göttliches Gebot, Jugend und Selbsthingabe bis
zum Selbstopfer, und auf der anderen Seite: Herrscherwille, Staatsmaxime, ,Polis'-
Moral, Kleinheit, Starrheit, Engherzigkeit, Altersblindheit, Selbstbehauptung im
Titel des Rechts bis zur Verletzung göttlichen Gebots ... für Kreon ist Antigone
kein Opfer, das er um der Staatsraison willen sich abzuringen hätte, noch auch hat
Antigone ihr Selbstopfer ihrer Natur und angeborenen Neigung zum Gehorsam
abzuringen. Geschweige, daß Kreon zur Erkenntnis dessen käme, daß er in Antigone
ein fremdes, ihm entgegentretendes Gesetz mißachtet hätte. So stürzt er auch letzten
Endes nicht, weil die Verflechtung des Geschehens gerecht wäre (nach menschlichen
Begriffen), auch nicht um der Sühne willen des von ihm vergossenen Bluts, sondern
weil er aus eigener Blindheit, alles Maß verlierend, in die Hybris treibt. Auch die
Antigone ist der Idee nach kein Konflikt der Normen, sondern die Tragödie zweier,
im Wesen getrennter, dämonisch verbundener, im Sinne des Gegenbilds einander
folgender menschlicher Untergänge (73 f.).

Bultmann:

Nun ist der Nomos, dem Antigone folgt, die alte Verpflichtung der Totenehrung, die
der Familie obliegt (466 ff., 914 etc.). Indem dieser Nomos aber als der *Nomos des*

Hades erscheint, zeigt sich schon, daß das Problem des Dramas nicht einfach in dem Gegensatz liegt, in dem der Nomos der Polis und der Nomos alter Geschlechtertradition stehen. Der Sinn der Tatsache, daß Antigone dem Nomos des Hades gehorcht, liegt nicht darin, daß sie altem Brauche folgt, der in Widerspruch zur modernen Polis-Idee tritt. In dem traditionellen Brauche ist nur *der Anspruch des Hades als des unheimlichen Jenseits überhaupt* repräsentiert. Indem Antigone dem alten Brauch gehorcht, erkennt sie die Macht an, in der er *begründet* ist; das ist aber nicht die Macht des verwandtschaftlich verbindenden Blutes, sondern die Macht des Hades, des Todes. Was sie gegen Kreon vertritt, ist nicht der alte Brauch und das Prinzip der Geschlechtertradition, sondern das Wissen, daß menschliches Dasein und gerade auch die Existenz der Polis durch die jenseitige Macht des Hades begrenzt ist. Der Hades ist dabei ... verstanden ... als das geheimnisvolle Jenseits menschlichen Unternehmens und Rechtsetzens; als die Macht, aus der echtes Recht entspringt, und durch die alles menschlich-gesetzliche Recht relativiert wird (WdF 313 f.).

Diller:

Dabei *[in der Sophoklesforschung]* hat sich vor allem das Verhältnis zwischen Mensch und Gott als Grundlage für das Verständnis der Handlung erwiesen. Über jeder einzelnen der uns erhaltenen sophokleischen Tragödien stehen Aussagen über göttliche Pläne, die das Handeln oder das Schicksal der beteiligten Menschen in einer bestimmten Richtung festlegen. Die Menschen verkennen diesen göttlichen Willen oder versuchen ihm wissentlich zu entgehen; er vollzieht sich dennoch an ihnen. In der wissenschaftlichen Auseinandersetzung über diese Konfrontation von göttlichem und menschlichem Wollen und Wissen bei Sophokles ist der Akzent bald mehr auf die göttliche, bald mehr auf die menschliche Seite gelegt worden, und es ist deutlich, daß man damit nun auch bei Sophokles wieder eine Antwort auf die Fragen suchte, die die Zeit besonders bedrängten. Einmal sah man im Scheitern sophokleischer Gestalten die gottgewollte Strafe für menschliche Vermessenheit; andererseits glaubte man, in ihnen, die in einer außergewöhnlichen Lage von einem außergewöhnlichen Schicksal getroffen wurden und sich mit ihm auseinandersetzten, Vorbilder hohen menschlichen Werts zu sehen, und dieses erzieherische Element in den sophokleischen Gestalten wurde unter Umständen noch in einen Vorgang des Lernens transponiert, durch den sie zur höchsten Bewährung gelangten.

Es wurde also die Frage gestellt, was die Fabel der Handlung lehre, und sie wurde nach den Bedürfnissen der Zeit beantwortet. Damit wurde man aber den sophokleischen Tragödien als Kunstwerken schwerlich ganz gerecht, und so hat sich auch immer mehr die Einsicht durchgesetzt, daß die Antithese von Gott und Mensch in der künstlerischen Gestaltung bei Sophokles — wahrscheinlich noch mehr als bei Aischylos und Euripides — aufgehoben ist, daß das Scheitern des Menschen an den ihm gesetzten Grenzen und seine Bewährung in der Treue zu sich selbst auch in diesem Scheitern notwendig zusammengehören und daß das Göttliche — der griechischen Auffassung vom Göttlichen überhaupt entsprechend — nicht von außen auf den Menschen zukomme, sondern das im Menschen und seinem Schicksal immanent Wirksame verkörpere (WdF 2 f.).

Schadewaldt:

Als Ganzes zeigt das dramatische Geschehen, wie sich eine strenge Gesetzmäßigkeit in ihm verwirklicht. Das Ganze ist Harmonie in jenem höchsten und eigentlichen

Sinne des Heraklit: „entzweite Einheit", „gegenstrebiges Gefüge". Der Anfang exponiert die Gegensätze. Dann läuft mit Kreons Proklamation die Handlung an, die mit den gestuften Widerständen immer mehr die dämonische Verhärtung Kreons bis hinauf zur Teiresias-Szene steigert. Diese bildet nach dem „kalkulablen Gesetz", von dem Hölderlin in seinen Anmerkungen zur Antigone-Übersetzung spricht, die Zäsur des Ganzen. Sie ist gegen das Ende des Stückes hin geneigt, wird durch das offenbarende seherische Wort des Teiresias gebildet und scheidet von dem längeren bewegten Teil die mehr verharrenden Pathos-Szenen des Dramenschlusses. Antigone ist in allem mit ihrem Geiste zugegen.

In der Antigone- und der Kreon-Handlung überkreuzen sich zwei Geschehenslinien in der Weise, daß Antigone untergeht, jedoch in ihrem Untergange siegt, während Kreon, der durch Gewalt Überlegene, in all seiner Übergewalt erliegt.

Zwei Schicksale, gegensätzlich miteinander verflochten in der Weise, daß das Antigone-Schicksal sich mit ihrem Untergange voll erfüllt, das Schicksal des Kreon aber in der Leere des Fortvegetierens als „lebender Leichnam" endet (Schadewaldt 1, 453 f.).

Müller[1]:

Die eigentümliche Technik, die Meinung des Dichters in den Aussagen des Chors als tragisch-ironischen Hintersinn zu verbergen, ist nicht beliebig und willkürlich, sondern hat ihren tiefliegenden Grund darin, daß der Gott, von dem Sophokles spricht, ein verborgener Gott ist. Sein Walten entspricht nicht menschlichen Begriffen von Gerechtigkeit. So bleibt es ein unauflösbares Rätsel, warum dieser Gott seiner Dienerin Antigone nicht hilft. Bei Aischylos konnte der Chor deswegen eine explizite Diagnose über das tragische Geschehen vortragen und zum Sprecher des Dichters selbst werden, weil der Zusammenhang zwischen dem Schicksal und den Taten der Menschen bei ihm so durchsichtig und eindeutig ist. In der Nachfolge Hesiods und Solons sieht Aischylos alles menschliche Leiden in klarer Abhängigkeit von vorausgegangener Verfehlung. War das keine eigene Verfehlung, dann eine solche der Vorfahren. Der Zusammenhang zwischen Schuld und Leiden ist ganz und gar durchschaubar, wie es auch die über die Generationen einer Familie weiterwirkende Verantwortlichkeit ist. Es kann also gar keine Tragik geben, die nicht in sittlicher Schuld wurzelte, und daran ändert die altertümliche Vermischung von Schuld und gottgesandter Betörung nichts. Diese Tradition ist so stark, daß noch Platon von ganz anderen Voraussetzungen aus jedes Leiden, das er überhaupt als solches anerkannte, für Strafe, also für ein Mittel der Heilung der unsterblichen Seele ansah und die Identität von Eudaimonie und Gutheit behauptete. Sophokles aber stellt an seinen tragischen Helden großes Leiden ohne Schuld dar, ja noch mehr, großes Leiden, das gerade Folge hervorragender Gesinnung und hoher sittlicher Bewährung ist. Sie alle stehen treu und unbeugsam zu der ihnen anvertrauten Aufgabe, zu dem mit ihrer Natur gegebenen Recht, das etwas Einfaches und Natürliches, mit ihrer Person eng Verbundenes und schlechthin Unaufgebbares ist. In schwerem Leiden

---

[1] Die Müllersche Interpretation der Chorlieder weist zurück J. Rode in: Jens 115: „Ob im szenischen Spiel der Charakter des Chors stark ausgeprägt ist oder nicht, ob er stark oder schwach an diesem Spiel beteiligt ist: die Form des Chorliedes wird davon nicht beeinflußt".

halten sie ihre Sache, die zugleich eine gottgewollte Sache ist, durch. So macht sich Antigone zum Verteidiger des Rechtes der unteren Götter oder, anders ausgedrückt, ihrer unzerstörbaren Verbundenheit mit dem toten Bruder. Sie muß aber menschliche Isolierung unter ihren Mitbürgern und grausamen Tod erleiden, ohne zu wissen, warum sie von den Göttern im Stich gelassen wird. Eine so rätselhafte Tragödie ist dem konventionellen Denken der mittelmäßigen Naturen unzugänglich, ja eben dies konventionelle Denken wird zum Instrument des Leidens der großen Natur. Der Chor begreift nur den herkömmlichen Zusammenhang zwischen Überhebung und Fall. Von einem unbedingten, elementaren Recht der menschlichen Natur, das die Götter behauptet sehen wollen gegenüber der von Menschen gesetzten Ordnung, weiß er nichts und wird dadurch intellektuell mitschuldig an dem Mord, den Kreon an der Nonkonformistin begeht. Daß die Wahrheit bei Antigone ist, kann demgemäß nur auf die Weise der tragischen Ironie in den Formulierungen der falschen Diagnose versteckt werden. Man kann nicht konventionell denkenden Menschen eine nicht-konventionelle Einsicht in den Mund legen (18 f.).

Schwinge:

Diese These lautet: Sophokles hat den ‚Antigone'-Chor als dramatis persona behandelt, und zwar auf die Art, daß er in ihm das Phänomen Gestalt werden ließ, wie die Masse der Menschen sich unter einem Tyrannen verhält. Was Haimon über die Bürger Thebens sagt: daß sie allein „im Dunkeln" (ὑπὸ σκότου, 692), also in für den Tyrannen nicht faßlicher Weise ihre eigentlichen Gedanken kundtun, eben das hat der Dichter, nur in anderer Form, im Sprechen und Agieren des Chores als eines Teils dieser Bürger auf der Bühne selbst, also direkt vorgeführt.

Erwähnt aber sei auch noch, was aus dieser These, falls sie richtig sein sollte, folgt. Es wären dann von Anfang an im Grunde alle auf Antigones Seite. Nicht nur Haimon und Teiresias, die dies offen aussprechen, freilich ohne daß sie es hört, sondern auch Ismene, die thebanischen Bürger und der diese vertretende Chor. Isoliert also wäre nicht Antigone, sondern Kreon, der allerdings eben kraft seiner tyrannischen Macht die letzteren dazu zu bewegen vermag, sich voller Angst scheinloyal zu gerieren oder in Passivität zu verharren. Damit aber wäre der Tragik Antigones eine besondere Pointe mitgeteilt: Antigone selbst glaubt, ja muß glauben, niemand gewähre ihr die Anerkennung, daß ihr mit der Verurteilung zum Tode Unrecht geschieht, und sie sterbe mithin in völliger Einsamkeit. Doch in Wahrheit votieren im Grunde alle für sie, gerade auch die, deren Verhalten sie erst zu jener Überzeugung bringt. Antigone also — dazu führt dann im letzten die Tyrannis — muß, eben aufgrund der genannten Erfahrung, tief, ja tragisch leiden, obwohl das eigentlich unnötig ist. Unsophokleisch, scheint mir, wäre das nicht (320 f.).

Patzer:

Unsere Untersuchung hat gelehrt, daß man für das Drama zwei Begriffe von ‚Hauptperson' zu unterscheiden hat, einen der als *szenische'*, einen anderen der als *thematische'* Hauptperson zu bezeichnen wäre. In der Regel ist die thematische auch die szenische Hauptperson; so in allen sophokleischen Frühdramen außer der ‚Antigone'. Es ist jedoch zu fragen, warum Sophokles in seiner ‚Antigone' eine Ausnahme gemacht hat, ... Gegen die untragischen und daher unmenschlichen Figuren, die diese Welt vertreten, steht der in der Selbstvernichtung bewährte ‚große' Mensch, d. h. der voll erfüllt, was der Mensch sein kann, der im Blick auf den Tod und die Götter lebte und es mit beiden im Namen des Menschseins aufnahm. Wie wir sahen, wird dieser letzte Konflikt entschieden dadurch, daß sich Menschen von ähnlichem Zuschnitt und ähnlichem Lebensverständnis wie der tragische Held ins Mittel legen und die Machtgewichte wiederherstellen. In der ‚Antigone‘ hat Sophokles offenkundig den Widerstreit beider Welten verschärft zu einem voll durchgeführten dramatischen Konflikt. Kreon ist der zu einer Art ‚Gegenheld‘ ausprofilierte Untragische, der in der Welt des bloßen eigennützigen Zweckkalküls eingekapselt ‚lebt‘. Noch mehr: er ist zum *tragischen* Gegenhelden geworden, indem er eine von ihm als gut und groß verstandene Sache zum Gegenstand einer sich in Verblendung versteifenden Selbstbehauptung macht, die unbewußt gegen göttliches Recht kämpft. Aber es bleibt beim nur eingeredeten Schein von Größe, und es kann deswegen nur zur länger durchagierten Pose des tragischen Helden kommen, die dann auch bei drohender Vernichtung des lieben Selbst zusammenbricht und damit in einen eindeutigen Sturz führt, aus dem es keine Erhebung mehr gibt. Kreon ist ja auch insofern unmöglich tragischer Held, als sein Sturz keine Rehabilitierung durch die Götter zuläßt. Umso größer am Ende die Rechtfertigung der wahren tragischen Heldin. Denn sie wird, anders als die Helden der übrigen frühen Dramen, nicht durch menschliche Helfer im Namen des tragisch verstandenen Göttlichen aus der Welt der untragischen Mächtigen gerettet, sondern durch die Götter selbst, die ja bezeugtermaßen in Kreons Sturz am Werk sind . . .

An Kreon dürfte die Gefahr einer doppelten nichttragischen Schuld gezeigt sein, die jedem politischen Führer droht: sein Amt zu verraten nicht nur durch Verstoß gegen göttliche Nomoi (denn diese fundieren das Leben der Bürgerschaft, das vom Staatsführer gesichert werden soll), sondern auch noch dadurch, daß die damit zum rechtmäßigen Widerstand herausgeforderten Bürger gezwungen werden, schuldig zu werden. Doppelte nichttragische Schuld steht hier also in Gefahr, tragische Schuld hervorzurufen. Denn soweit Antigone gegen (göttliches) Recht gerade durch frommes Handeln schuldig wurde, geschah dies, weil sie durch Kreons (menschlich) schuldhaftes Handeln (nach göttlichem Recht) schuldig werden mußte: Despotie Quelle der Anarchie (Hauptperson . . . , 104 f.).

Rösler:

Die möglichen Reaktionen auf eine Herrschaft wie die Kreons reichen von Anpassung bis zu kompromißlosem Widerstand. In diesem Spektrum haben entsprechend die übrigen Personen der ‚Antigone‘ ihren Platz; jede einzelne repräsentiert eine bestimmte, unverwechselbare Weise der Reaktion, besitzt eine spezifische Motivation. Das eine Extrem markiert der Wächter: Er bringt die moralische Ausbeutung des Untertans zur Darstellung, den die Machtverhältnisse zum Gehorsam zwingen. Freilich haben die aus seiner gesellschaftlichen Position resultierenden Zwänge nicht zu einem völligen Abstumpfen mitmenschlichen Gefühls geführt: Bei aller Freude, sich durch die Ablieferung der ‚Staatsfeindin‘ selbst gerettet zu haben, bleibt ihm das Problematische, Zweischneidige dieser seiner Freude durchaus nicht verborgen. Ihm am nächsten steht der Chor, den in der ‚Antigone‘ weniger die Rolle eines repräsentativen Teils der Bürgerschaft als vielmehr jene eines von der Volksmeinung isolierten höfischen Gefolges verkörpert. Ständig hin und her gerissen zwischen Unbehagen über die inakzeptable Maßnahme Kreons und der von ihm, dem Chor, erwarteten regimetreuen Gesinnung, findet er erst nach dem Auftritt des Teiresias zu einer eindeutigen Haltung. Einen noch spektakuläreren Wandlungsprozeß durchläuft Ismene: Im Zwiespalt zwischen Gehorsamsverlangen des Herrschers und ihrem Status als Frau auf der einen sowie familiärem Bestattungsgebot und dem Beispiel der Schwester auf der anderen Seite fügt sie sich zunächst weltlicher Macht, um sich dann später selbst einer Tat zu bezichtigen, die sie gar nicht begangen hat. Konstanten Widerstand demonstrieren hingegen Teiresias, Haimon und Antigone: der Seher in seiner Eigenschaft als ‚offizieller‘ Theologe der Stadt, der Sohn des Königs mit politischer Argumentation, seine Verlobte in Wahrnehmung ihrer familiären Pflicht. Die teilweise geradezu schroffe Kompromißlosigkeit, die den Widerstand Antigones kennzeichnet; ihre Initiative und Energie; ihr gleichwohl ganz unheroisches Hinundhergerissensein zwischen Todesbereitschaft und Lebenswillen, wie es einerseits in der Verhörszene mit Kreon im zweiten Epeisodion, andererseits im Kommos des vierten Epeisodions und in der sich anschließenden berühmten Argumentation über den unterschiedlichen Rang von Verwandtschaftsverhältnissen seinen Ausdruck findet: Dieses komplexe Persönlichkeitsprofil Antigones begründet ihren Status als Titelfigur eines Stückes, das im ganzen ein System von Herrschaft transparent und damit analytisch erfaßbar macht.

Über die Reaktion, die die dramatische Belehrung beim athenischen Normalzuschauer hervorrief, lassen sich immerhin begründete Mutmaßungen anstellen. Die Bürger im Theater wurden durch die Präsentation eines zu ihrer eigenen Ordnung kontrastiven politischen Modells sowie der gerade aus dieser Gegensätzlichkeit resultierenden Negativfolgen in ihrer Identifikation mit dem demokratischen Status quo bestärkt. Bei uns ist so etwas glücklicherweise ausgeschlossen!: Ein solches Gefühl der Selbstbestätigung mochte sich beim Betrachten der ‚Antigone‘ einstellen, ein Gefühl, dessen Multiplikation zugleich eine Stärkung des bürgerlich-demokratischen Zusammenhaltes innerhalb der Polis bedeutete. Tragödie als staatliche Institution: Dies war also kein äußerlicher, sondern ein inhaltlicher, ein funktionaler Zusammenhang. Hierbei trat neben den internen Bezug noch eine Außenwirkung, die sich — im wertneutralen Sinne — als propagandistisch bezeichnen läßt: Die Delegierten aus den Seebundstädten, einflußreiche Bürger, wurden im Theater der Metropole mit demokratischer Gesinnung konfrontiert, was sie — sofern selbst Demokraten — ebenfalls als Bestärkung, andernfalls als mehr oder weniger erwünschte Werbung, schlimmstenfalls als Bevormundung interpretieren konnten. Die politische Hegemonialmacht des Seebundes stellte sich — auf dem Wege kultureller Präsentation — auch in einer ideologischen Führungsrolle dar — ein Anspruch, den die Prachtbauten des Perikleischen Athen unübersehbar unterstrichen. Ein Mosaiksteinchen historischer Überlieferung illustriert sowohl die Wechselbeziehung von Theater und Politik noch zusätzlich: Sophokles wurde nicht lange nach der Aufführung seiner ‚Antigone‘ von der Volksversammlung (die ja mit dem Theaterpublikum personell weitgehend identisch war) in das Kollegium der Strategen gewählt. Diese hatten einen oligarchischen Putsch in Samos niederzuschlagen mit dem Ziel, das demokratische System zu restituieren.

Es bleibt am Ende … noch übrig, die hier in Ansätzen vorgelegte ‚Antigone‘-Interpretation kurz vor anderen, bereits etablierten Interpretationen abzugrenzen. Daß im Gegensatz zwischen Antigone und Kreon der Streit zweier gleichberechtigter Prinzipien — der „Wohlfahrt des Gemeinwesens“ und des „Familieninteresses“ — angelegt sei: diese wohl nach wie vor einflußreichste ‚Antigone‘-Deutung geht von einer positiven, zumindest partiell positiven Kreon-Figur aus, wie sie tatsächlich weder aus den Handlungen und Äußerungen des Königs abgeleitet werden kann noch mit dem sozial- und verfassungsgeschichtlichen Hintergrund des Stückes vereinbar ist. Ebenso läßt sich die ‚Antigone' auf eine abstrakt-theologische Aussage „über den Menschen schlechthin" reduzieren [1]: Zwar erfährt, so betrachtet, der Gegensatz Antigone—Kreon eine eindeutige Gewichtung zuungunsten des Königs, doch bleiben sowohl zentrale inhaltliche Aspekte des Stückes — eben die politisch-gesellschaftlichen — als auch seine Historizität im ganzen ausgeklammert. Freilich läßt sich der Geschichtlichkeit der ‚Antigone' nicht durch eine Identifizierung einzelner ihrer Figuren mit Personen der Zeitgeschichte Rechnung tragen. Daß die Gestalt Kreons auf Perikles ziele, den Sophokles mit seiner Tragödie vor Überhebung habe warnen wollen: abgesehen von speziellen historischen Ungereimtheiten gerade dieser Konstellation verengt eine solche Allegorese nicht allein die Interpretation zum Sandkastenspiel, sondern degradiert vor allem die Adressaten der dramatischen Aufführung, das Publikum im Dionysos-Theater, zu Zuhörern eines Zwiegesprächs, das sich, in dieser Weise geführt, nur als bizarrer Umweg bezeichnen ließe (52 ff.).

---

[1] So Müller, pass. (Zit.: S. 14), der hier stellvertretend für entsprechende Tendenzen der Sophokles-Interpretation vornehmlich in der deutschsprachigen Gräzistik der Nachkriegszeit genannt sei.

V. Die Bearbeitung des Antigonestoffes

1. Euripides

Die Antigone des Euripides ist verloren. Es handelt sich um ein frühes Stück, das auf das Sophoklesdrama folgte. Wir wissen nur, daß Haimons Liebe anders motiviert wird als bei Sophokles.

Starke Veränderungen an der Funktion der Personen, wie sie die alte Sage vorgegeben hatte, und eine große Erweiterung der Stoffülle enthalten die Phoinissen des Euripides (etwa um 410 v. Chr.). Im Mittelpunkt steht der Bruderzwist zwischen Eteokles und Polyneikes. Über dieses Mittelstück ist eine stoffliche Ausweitung nach allen Seiten vollzogen. Theben und das schicksalhafte Geschick um die Stadt ist der Rahmen, in den das Geschehen hineingestellt ist. Man könnte das Stück fast als das Drama der thebanischen Polis bezeichnen.

Den Prolog spricht Iokaste: Sie resümiert die Leiden des Ödipus, der — von den Söhnen nach dem Erkennen ihrer Herkunft gefangengehalten — im Palaste lebt. Der Blinde hat ihnen geflucht, daß sie das Erbe nur durch Kampfentscheid würden teilen können. Um dem Fluch zu entgehen, schließen sie einen Vertrag, demzufolge jeder abwechselnd für ein Jahr herrschen soll. Doch Eteokles verbannt den Bruder. Polyneikes begibt sich nach Argos.

Iokaste hat Polyneikes zu letzten Verhandlungen über die Teilung der Stadt gerufen. Der Sohn zeigt versöhnliche Züge. Er leidet unter dem Verbanntsein von der Stadt (dieses Motiv mit historischem Bezug). Eteokles ist mit den extremistischen Zügen der Sophistik ausgestattet (echter Sohn der Natur) und tritt auf als Machtmensch ohne das nötige menschliche Maß.

Euripides hat die Stellung der Brüder im Rechtsstreit umgedreht: Polyneikes ist der zu Unrecht Vertriebene, Eteokles der Rechtsbrecher.

Auf Iokastes Prolog folgt in Reminiszenz an Homer eine Mauerschau Antigones, wodurch sich das Spielfeld vor dem Palast zum Kampfraum weitet. Antigone wird das Recht des Bruders wahrnehmen.

Die von Iokaste angeregten Verhandlungen zwischen den beiden Brüdern kommen zu keinem Abschluß. Polyneikes führt das Argiverheer gegen Theben. Von Kreon beraten und gedrängt, übernimmt Eteokles die Aufgabe des Verteidigers. Seine Persönlichkeit erfährt keine Veränderung. Er ist nicht wie in aischyleischer Tragik mit Bewußtsein ein Werkzeug des Geschlechterfluches. Der Fluch des Ödipus erfüllt sich insofern an ihm, als er in maßloser Gier nach der Tyrannei trachtet. Für ihn bedeutet die Herrschaft alles; die Polis steht für ihn an zweiter Stelle. Der Konflikt kann nur zu einer blutigen Lösung führen, weil es zwischen dem Herrenmenschen und dem von Unrecht zur Gewalt Getriebenen keinen Kompromiß geben kann.

Euripides legt noch eine Episode ein: Teiresias gibt den Spruch, daß nur der Opfertod von Kreons Sohn Menoikeus für Theben Rettung bringe. Kreon will den Tod seines Sohnes durch Zuraten zur Flucht nach Delphi verhindern. Freiwillig geht Menoikeus jedoch in den Tod.

55

Beide Handlungsstränge finden ihren Abschluß in Botenberichten: Der Sturm der Sieben bleibt erfolglos, die Brüder rüsten zum Zweikampf; beide fallen im Wechselmord; Iokaste, die mit Antigone vor die Stadt eilt, tötet sich über ihren Leichen. Sterbend bittet Polyneikes um Bestattung in der Heimaterde. Die drei Leichen werden auf die Bühne gebracht, Ödipus und Antigone singen die Klage.

Die Herrschaft über Theben übernimmt nun Kreon: Er weist Ödipus aus und verbietet die Bestattung des Polyneikes. Antigone verwirft das Verbot und verkündet, sie werde den Bruder selbst beerdigen. Sie muß jedoch der Gewalt weichen und kann so in Theben nicht bleiben. Sie löst ihre Verlobung mit Haimon und will mit ihrem Vater in eine traurige Zukunft gehen.

Der Chor besteht aus phoinikischen Sklavinnen, die sich auf der Reise nach Delphi befinden. Ihre Lieder ergeben eine Art Zyklus der Sagen um Theben. Er hat die Funktion, in die ideale Welt einzuführen, um die Wunden der realen zu heilen. Die Verhaltensweise bleibt dazu distanziert und von einer gewissen Neutralität. Die Lieder sind selbständige, balladenartige Gedichte.

2. Racine, Opitz, Hölderlin

In *Racines* „La Thébaide ou Les Frères ennemis" von 1664 ist der Kampf um Theben, die Geschichte der „Sieben gegen Theben", miteinbezogen. Antigone und Haimon sind als schmachtendes Liebespaar dargestellt. Kreon tritt als zweiter Bewerber um Antigones Liebe auf. Er hetzt die Brüder gegeneinander, um die Herrschaft an sich zu bringen. Der Tod des eigenen Sohnes kommt ihm recht, weil nach seiner Meinung damit ein Konkurrent ausgeschaltet ist. Nach Antigones Tod begeht er Selbstmord. Die Intention, die der französische Dramatiker verfolgt, ist die Schaffung eines Intrigenspieles.

„Die französischen Kritiker ... lassen sich durch den melodischen Klang, der ihnen aus bezaubernderen Werken des reifen Racine vertraut ist, während dies doch sein Erstling war, ein Jugenddrama, vielleicht von Molière für seine Bühne bestellt, nicht verführen. ‚Hat Molière an diesem mittelmäßigen Stück Hand angelegt‘ — fragt Mauriac — ‚dieser Nachahmung des Rotrou und durch ihn des Seneca, deren Lektüre heute beinahe unerträglich ist?‘

Sicher zu streng! Das Stück ist interessant und gehört in die Geschichte des Antigonethemas als die vollkommenste französische Widerspiegelung der *Phönikischen Frauen* des Euripides, mit der Verwirklichung der letzten noch möglichen theatralischen Möglichkeit des Stoffes. Die Liebe zwischen Antigone und Haimon wurde auf allen Stufen schon in der Antike auf die Bühne gebracht, ihre Liebe zu Polyneikes wurde auch ausgebeutet, inzestuöse Liebe des Oidipus zur Tochter wenigstens angedeutet. Es fehlte noch — daß Kreon sich in Antigone verliebt! Das hatte der junge Racine gewagt: den Tyrann als unglücklichen Nebenbuhler seines unglücklichen Sohnes der Antigone nachsterben zu lassen. Die euripideische Linie erreicht hier ihren Höhepunkt. Es ist in dieser Richtung keine weitere Steigerung möglich. Wir fragen uns, ob die Grenze des Lächerlichen nicht überschritten ist? Das Tragisch-Theatralische grenzt an das Unwillkürlich-Komische — unvermeidlich. Den Ausweg öffnet die

Ironie — dazu mußte aber auch die andere, die sophokleische Antigone auf der Bühne gleichsam verbraucht sein" (Kerényi 26).

Mit seiner Übersetzung von 1636 machte *Opitz* die „Antigone" in Deutschland bekannt. Das Anliegen der Opitzschen Version ist, in den hohen Stil des Dramas einzuführen und Dichtung und Theorie in einem rational bestimmten Klassizismus (vorbarocker Klassizismus) aufs engste zusammenzubringen. Dieses Ziel sucht er durch eine enge Anlehnung an das Original zu erreichen, und weiterhin dadurch, daß er den sophokleischen Stil in den Senecas verwandelt. Inhaltlich wird das Geschehen auf einen Nenner gebracht, der sich als logischer Schluß zu erweisen hat. Die Auflehnung menschlich-moralischer Pflicht bedeutet eine Schuld, die bestraft werden muß; das Problem der Divergenz zum Gebot des Hades stellt sich gar nicht.

1804 erscheint von *Hölderlin* als zweiter Band der „Trauerspiele des Sophokles" das Übersetzungswerk „Antigonä" (in der alten Schreibart).

Drei Stilstufen sind in der Arbeitsweise erkennbar: eine umsetzende Übersetzung (der erfaßte Sinn wird in freierer Form wiedergegeben), eine nachbildende (die Gewichtung liegt auf dem einzelnen Wort, die Wortfolge bleibt gewahrt), eine aus dem Wort- und Sinnverständnis heraus frei deutende (erneuerndes Nachvollziehen auf dichterischer Ebene). Die Arbeit Hölderlins wird dadurch beeinträchtigt, daß ihm ein mit philologischer Akribie durchgearbeiteter Originaltext nicht zur Verfügung stand. Hinzu kommt eine für die Zeit charakteristische beschränkte Kenntnis des Griechischen überhaupt. So liegt eine Menge von Wortverwechslungen vor; auch im syntaktischen Bereich entstehen Sinnverschiebungen. Manches bleibt dunkel und rätselhaft, auch durch das Bemühen, vom Übersetzer zum Ausdeuter zu werden. Damit ist die Leistung nicht etwa entwertet; der deutsche Wortlaut der Übersetzung dringt nur ganz behutsam zum griechischen Original vor.

„Doch vermied er [*Hölderlin*] damit die abgetretene Straße der übersetzerischen Konvention und blieb dem ursprünglichen Wort des Sophokles gegenüber ursprünglich. In all seiner mangelnden Wort- und Regelkenntnis, Kenntnis der üblichen Verstehensroutine, blieb Hölderlin auch vor aller jener übersetzerischen Routine gleichsam fromm bewahrt, die die gängigen Übersetzungen seiner und späterer Zeit so konkret und zugleich so belanglos machen. Instinktivkräftig ergriff er zumal den ‚Klang' des Sophokleischen Wortes mit Ernst in seiner Sachlichkeit und Gründlichkeit, aus jener Verantwortung für die Sprache, die alle poetisierenden Unarten nicht erst abzutun braucht. Was ihm so gelang, ist ihm über die Maßen gelungen: Chorlieder wie auch die großen Reden in ihrer Härte, Dichte, Sachlichkeit des Worts" (Schadewaldt 2, 25).

Das tragische Geschehen faßt Hölderlin als Gottesgeschehen auf, als neues Erscheinungwerden der Gottheit, nicht als Epiphanie, sondern als Dialektik (sowohl sprachlich als auch faktisch) in der Begegnung zwischen Mensch und

Gott. Hinter Kreon und Antigone erkennt man den tiefen Grundgegensatz der Welt, der Widerstreit zwischen dem Organischen und dem Aorgischen.

„Auf seiten des Kreon, der in seiner staatspolitischen, staatspädagogischen Überzeugung, da man den Landesverräter auch im Tode noch bestrafen müsse, an alten überkommenen, doch erstarrten und überlebten Formen des Glaubens und der Sitte haftet und dafür eigensinnig eintritt: ‚die fromme Furcht vor dem Schicksal, hiemit das Ehren Gottes, *als eines gesetzten‘*. Auf seiten der Antigone, die von der mit der Umkehr, die sie selber schafft, neu heraufkommenden Überzeugung erfüllt ist, daß nach dem Gesetz der Totenwelt im Tode Gleichheit herrschen muß: ein aorgisch ungebundenes *‚gesetzloses Erkennen‘* des Geistes des Höchsten" (Ebd. 59 f.).

3. Der Antigonestoff im 20. Jahrhundert

a) Dramen

Unsere politisierte Zeit, im Bestreben, Macht zu humanisieren, ersetzt religiöstheologische Mythen durch politische. Im existentiell tragischen Stoff des Antigonemythos liegt ein eminent politisches Thema. Das politische Element ist von Anfang an potentiell gegeben und schafft damit den Boden zum historischen (politischen, gesellschaftlichen) Mythos. Die neuen Gestaltungen rücken damit in die Nähe der Hegelschen Interpretation.

1917 findet die Uraufführung von *Hasenclevers* Stück „Antigone" statt. In das Antigonegeschehen werden neuzeitliche Illusionen hineinprojiziert: Es geht um eine humane Lösung des Widerspruches zwischen Macht und Humanität. Die vorhandene elementare semantische Energie bekommt eine andere Variation.

Die Szenenfolge orientiert sich im wesentlichen an dem antiken Vorbild. Neu eingeführt ist „das Volk von Theben" (an der Spitze des Personenverzeichnisses). Der Konflikt zwischen Menschlichkeit und pervertierter Staatsraison liegt im Raum eines politisch-historischen Geschehens: Die Intention ist soziale Revolution und Aufbruch einer neuen Welt. Der Zeitbezug ist deutlich erkennbar. So spricht Kreon wie Wilhelm II. Antigone ist dargestellt als Priesterin der Liebe und Menschlichkeit. Sie gewinnt das Volk für sich, das zunächst ihren Tod gefordert hat. Sie klärt auf über Krieg und Tyrannei und ist erfüllt von einem pathetischen, zeitgebundenen (1916/17) Pazifismus. Das Stück mit seinem „O Mensch"-Pathos wirkt wie ein expressionistisches Manifest.

Hasenclever hält sein Werk für eine zeitgemäße deutsche Inszenierung der Sophoklestragödie mit sprachlichen und stilistischen Mitteln des Expressionismus. Erlösung in christlichem Sinn gilt als höchste Form umfassender Menschenliebe.

Es geht im Jahre 1917 noch nicht um das Phänomen des Widerstandes als einer Realität, sondern eher um die revolutionäre Idee, die aus dem Überdruß des Volkes am Krieg erwuchs und sich gegen die ihn verursachende Regierungsform richtete. Bei Hasenclever spielt der Krieg diese Rolle, gestaltet im Für und Wider königstreuer und revolutionärer Stimmen. Der Autor konnte bei Sophokles alles, was die Expressionisten dem gesellschaftlichen System vorwarfen, direkt oder unter der oberen Schicht der Handlung, finden und in ihr Vokabular bringen. Antigone wird zur Revolutionärin, sie geht über die Liebeshandlung am Bruder hinaus und wird zur Verkünderin der Menschenliebe vor dem Volk, das sich in Loyalität zum System ihr drohend entgegenstellt, dann aber vor ihr niederkniet. Sie erleidet den Opfertod für die Ankunft der Liebe in dieser Welt, für eine bessere, menschlichere Zeit. Nach ihrem Tode erlischt diese Hoffnung wieder. Nach Kreons Zusammenbruch will das Volk die Burg stürmen und plündern.

Die Liebeslehre und der Opfertod weisen auf die Messiasidee. Antigone geht aber als geschlagener politischer Gegner zugrunde.

Anouilh[1] präsentiert in seiner „Antigone" von 1942 (erste Pariser Inszenierungen 1942 und 1944) dasselbe Handlungsgefüge wie Sophokles in einem präzisen Parallelismus. Die Protagonistin übertritt das Gebot des Königs und bestattet gemäß dem Ritual ihren Bruder. Beim zweiten Versuch wird sie gefaßt. Kreon vollzieht die angedrohte Strafe, und Antigone wird in eine Felsenhöhle eingeschlossen. Haimon nimmt sich an Antigones Seite das Leben, Eurydike begeht Selbstmord. Der Schauplatz ist der gleiche, alles geschieht vor drei gleich aussehenden Türen mit schmucklosem Bühnenbild. Auch der Geschehensausschnitt ist der gleiche. Antigone und Kreon sind die Hauptfiguren, das Personal bleibt fast unverändert. Hinzu kommen die Figur der Amme mit einem exponierenden Dialog zwischen ihr und Antigone zu Beginn des Stückes, wo auch Haimon einen Dialog mit seiner Braut hat, sowie kartenspielende Soldaten; Teiresias fehlt.

Anouilh läßt die eigentliche Handlung mit dem Dialog der Schwestern beginnen, wobei sich die gleichen Positionen wie bei Sophokles dartun: die schroffe Unbedingtheit Antigones, die fügsame Bereitschaft Ismenes.

Der Wächter berichtet vom ersten Bestattungsversuch, bei dem der Täter unentdeckt bleibt. Zum zweiten Male tritt die Wache auf; sie hat Antigone beim zweiten Versuch festgenommen. Antigone bekennt sich zu ihrer Tat; Ismene versucht, sich mit ihr zu identifizieren; Haimon will die Braut retten;

---

[1] Vgl. zur Vertiefung: Anouilh, Antigone: Grundlagen und Gedanken zum Verständnis des Dramas, Diesterweg, Frankfurt/M. 1972 (bearbeitet von *W. Schrank*).

Antigone erschauert vor dem nahen Tod; ein Bote erzählt die Katastrophe; Eurydike scheidet aus dem Leben.

Anstelle des antiken Chores finden wir die Gestalt des unbeteiligten Kommentators des Bühnengeschehens. Er weist darauf hin, daß dieses Geschehen von vornherein festgelegt ist und zu dem von den Gesetzen der Tragödie gesetzten Ziel gelangen muß.

Das Stück besteht aus drei geradezu selbständigen Abläufen. Die Exposition (S. 279—295 in der bei Langen-Müller erschienenen Paperback-Ausgabe) endet mit der Überraschung, daß Antigone ihren Bruder bereits bestattet hat. Der Hauptteil (S. 296—314) zeigt Kreons Bemühen, das Geschehene als ungeschehen hinzustellen und Antigone eine Chance zur Rettung zu geben. Er scheitert an ihrem Starrsinn. Antigone gesteht sich selbst ein, daß sie nicht wisse, wofür sie stirbt. Der Schluß (S. 314—322) zeigt, wie die Hauptakteure sich mit der Katastrophe abfinden. Mit schockierender Ruhe begibt sich Kreon wieder in den Alltag, zu seinen Amtsgeschäften, zurück.

Die Konzeption beruht auf dem Wesensgepräge der beiden Hauptfiguren, das in der Tragödie des Sophokles schon vorgegeben ist, „auf jenem Überschuß an Individualität, der in der Idee des antiken Stückes nicht aufzugehen scheint" (Fuhrmann, Terror und Spiel 132).

Das Handeln der sophokleischen Antigone wird von dem „ungeschriebenen, unwandelbaren göttlichen Gesetz", also von objektiven Normen bestimmt. Die Anouilhsche Antigone ist deutlich von ihrem subjektiven Wesenszug her konzipiert. Die exponierenden Szenen des Anfangs zeigen die befremdliche Sonderstellung der Protagonistin, ihre eigensinnige Verhaltensdisposition im Milieu des Alltags: sie wird ihre Tat immer wiederholen. Ihr Ernst kommt aus ihrer merkwürdigen Einstellung zum Phänomen des Lebens. Das gibt die Voraussetzungen für den Kern des Stückes, die Auseinandersetzung zwischen Kreon und Antigone. Der König nennt den Bestattungsritus einen Pfaffenbetrug (auch für Antigone ist die rituelle Bestattung eigentlich eine sinnlose Geste); er enthüllt die Niederträchtigkeit der beiden Brüder und legt überzeugend die politische Notwendigkeit des Ediktes dar (er gibt sogar zu, nicht zu wissen, wessen Leiche in der Sonne verfaule, weil man nur unkenntliche Klumpen gefunden und den am wenigsten verstümmelten Körper für das Staatsbegräbnis ausgesucht habe). Kreons Argumente entlarven Antigones Bedingungslosigkeit als Überbau, als nachträgliche Motivation für die in ihrem Wesen angelegte Bedingungslosigkeit.

Ein kurzer Satz gibt den Schlüssel zur Intention des Stückes, die ihrerseits wiederum an die Interpretation des sophokleischen führt. Nachdem Antigone abgeführt ist, sagt Kreon: „Polyneikes war nur ein Vorwand". Dieser Satz ist Schlüsselwort in doppelter Weise: Er zielt auf den Kern des sophokleischen Stückes und gibt zugleich die Grenze zwischen der antiken und der modernen Bearbeitung an. Diese Grenze ist bezeichnet durch die Modernisierung des Todesproblemes. Antigones nicht zu beirrendes Streben nach dem Absoluten wird eine hohle Fassade: in der Todesstunde widerruft sie ihr Geständnis. Ihre Einstellung entspricht nicht der Verachtung oder Verkennung des Lebens überhaupt. Sie möchte nur ein Leben ohne Rücksicht auf Konventionen: ihr ist ein existentielles Leben angemessen, das jeweils total aus dem Kairos ergriffen wird.

Kreon verkörpert in der modernen Version die Objektivität, das Vernünftige, die Erkenntnis und die Rücksichtnahme auf die Realität, das jeweils Machbare. Er stellt sich auf die Situation ein, ist froh darüber, daß nur ein junges Mädchen in seinem Trotz ein Verbot mißachtet hat. Er bescheidet sich mit Halbheiten, Zugeständnissen und Rücksichten. Was er anfänglich der sophokleischen Intention nach sein könnte, ein in seinem Umkreis befangener Mensch, ist nicht sein Wesen: Er hat keine Machtposition zu verteidigen, seine Haltung bleibt relativ. Dadurch wird der Schluß gerafft, Teiresias hat keinen Platz mehr, Antigone ist einziger Brennpunkt des Geschehens. Kreon ist nur noch der Anlaß für die Konfrontation zweier grundsätzlich verschiedener Existenzweisen. Für ihn ist sein Königtum nur eine Möglichkeit, die Absurdität der Welt zu verringern; „es ist ihm ein Beruf, in dem er nach der einmal getroffenen Entscheidung, ‚ja zu sagen', arbeiten kann" (Goth 14).

Die absolute Haltung Antigones und die relative Kreons sind bei Anouilh in der Formulierung des Nein- und Jasagens ausgedrückt. Die Lebensproblematik, die sich Anouilh stellt und die sich in anderen Stücken des Autors greifen läßt, hat Q. Quéant mit „Le oui et le non chez Anouilh" treffend angedeutet (Images de France, avril 1944).

So zeigen sich die entscheidenden Abweichungen zwischen der antiken Vorlage und der modernen Gestaltung bei der Charakterzeichnung und der Motivation. Die Varianten dienen einer neuen Gesamtkonzeption, die Neugestaltung des antiken Stückes stellt sich als eine Art Interpretation dar.

Firges stellt neuerdings die Frage: Anouilhs „Antigone" — ein Exempel der Pathologie oder der Metaphysik? Er sucht nachzuweisen, daß die Problematik der Antigone in erster Linie auf der ontologischen Ebene angesiedelt ist, und die pathologischen Implikationen des Falles damit in den Hintergrund treten.

„Was als ideologischer Hintergrund der Antigone Jean Anouilhs sichtbar wird, ist jene ‚sich selbst hypostasierende Subjektivität' (Th. W. Adorno, Noten zur Literatur II, Bibliothek Suhrkamp 71, Frankfurt 1961, 201) existential-ontologischer Prägung, die das Gemeinsame zwischen Kierkegaard, Jaspers und der Satreschen Version des

Existentialismus war. Der Einzelne, das Individuum, ist in dieser Weltanschauung der letzte Ort personaler Identität und Sinnhaftigkeit. Das Selbst erfährt sich als Offenbarungsstätte der Wahrheit des Seins" (Firges 606).

In der letzten Periode seines Schaffens beschäftigte sich *Brecht* mit der Bearbeitung bekannter Dramen. 1948 wurde die „Antigone des Sophokles" (nach der Hölderlinschen Übertragung, mit manchen Änderungen, für die Bühne bearbeitet) uraufgeführt. Die Szenenfolge ist im wesentlichen dieselbe wie bei Sophokles, die Voraussetzungen der Handlung sind geändert. Es geht dabei um den Konflikt zwischen Menschlichkeit und pervertierter Staatsraison wie bei Hasenclever. Nicht das Bestattungsproblem, also die religiöse Ebene, steht im Vordergrund.

Die Fabel ist realistisch ins Politische umgestaltet und zwar im Sinne eines machtpolitischen Nationalismus: Eteokles und Polyneikes stehen im Feld in dem von Kreon um die Erzgruben von Argos angestifteten Raubkrieg. Eteokles fällt in der Schlacht, Polyneikes geht nach Theben zurück und wird als Deserteur von Kreon erschlagen; die Bestattung Polyneikes' wird von Kreon verboten. Die Bewohner der Stadt werden über einen Sieg der thebanischen Truppen vor Argos informiert. Inzwischen hat Antigone den Bruder bestattet. Sie ist entsetzt über den durch Kreons Unmenschlichkeit verschuldeten Tod der Brüder und die sinnlosen Blutsopfer ihrer Landsleute. Ohne Rücksicht auf das eigene Leben lehnt sie sich auf gegen unmenschliches Verhalten: Sie will lieber in den Ruinen der eigenen Stadt leben als in eroberten fremden Häusern. Wegen dieser Haltung und der Übertretung des Verbotes kommt es zur Auseinandersetzung zwischen Kreon und Antigone. Der Tyrann erkennt auf Meuterei und Verrat: Das Mädchen soll am Bacchosfest sterben. Hämons Versuch einer Rettung scheitert an Kreons Selbstherrlichkeit und übersteigerter Staatsautorität. Kreon fehlt die menschliche Bindung an den Sohn. Auch die Fürbitte der thebanischen Alten bleibt ohne Wirkung. In ihrer Abschiedsszene beklagt Antigone das auf Unmenschlichkeit gegründete Schicksal der Heimatstadt, die der Zerstörung anheimfallen muß.

Dann kommt es zum Konflikt zwischen Teiresias und Kreon, zumal sich der gemeldete Sieg als Falschmeldung erwiesen hat und die unsinnigen Kriegsopfer noch nicht aufhören. Scharf attackiert der Seher nun die Unmenschlichkeit Kreons, die keinen Unterschied zwischen Lebenden und Toten mache und die zur Katastrophe führen müsse. Der Chor greift ein, beschwört den Herrscher, die Truppen zurückzurufen und dem Krieg ein Ende zu setzen. Dieser jedoch will den Widerstand der Meuterer brechen und nach dem Endsieg über sie ein Strafgericht abhalten. Der Konflikt erreicht scharfe Konturen, es ergeben sich kontrastive Konstellationen: Tyrann gegen Volk, Machtwahn gegen Widerstand, Grausamkeit gegen Menschlichkeit. Die Katastrophe bricht herein durch den militärischen Zusammenbruch, durch die Niederlage des Thebanerheeres. Megareus, der älteste Sohn Kreons, ist gefallen, Theben schwebt in Gefahr. Erst jetzt gibt Kreon nach — aus Angst, nicht aus innerer Überzeugung. Er sucht Hilfe bei Hämon und will Antigone befreien. Doch beide sind tot.

Antigones Auftrag geht um die Beseitigung der Unmenschlichkeit, gegen die Nichtachtung des Lebens der eigenen Landsleute, gegen imperialistischen Machtanspruch gegenüber einem anderen Volk.

Brechts Neugestaltung ist zu verstehen als Gegenentwurf mit verfremdungstechnischem Zweck. Die literarische Vorlage wird für den Zuschauer als bekannt vorausgesetzt, als vorgeformte Denkeinstellung. Durch Erstaunen und Befremden stellt sich beim Zuschauer Kritik ein, die zu neuer Stellungnahme und Entscheidung zwingt. Das Spezifikum des epischen, verwissenschaftlichen Theaters ist der Verfremdungseffekt, der die Welt als veränderbar erscheinen lassen soll. Das epische Theater setzt den veränderlichen und verändernden Menschen voraus. Die Kategorien Rührung und Schauder werden ersetzt durch Wißbegierde und Hilfsbereitschaft. So handelt es sich nicht um eine Übertragung von Wesen und Gehalt des alten Dramas auf die moderne Zeit (Zeitbezogenheit ist nicht erstrebt, obwohl der Untergang des thebanischen Aggressionsheeres mit Stalingrad verglichen wird), sondern um Analogien zur eigenen Gegenwart.

„Für das vorliegende theatralische Unternehmen wurde das Antigonedrama ausgewählt, weil es stofflich eine gewisse Aktualität erlangen konnte und formal interessante Aufgaben stellte. Was das stofflich Politische betrifft, stellen sich die Analogien zur Gegenwart, die nach der Durchrationalisierung überraschend kräftig geworden waren, freilich als eher nachteilig heraus: die große Figur des Widerstands im antiken Drama repräsentiert nicht die Kämpfer des Deutschen Widerstands, die uns am bedeutendsten erscheinen müssen. Ihr Gedicht konnte hier nicht geschrieben werden, und dies ist um so bedauerlicher, als heute so wenig geschieht, sie in Erinnerung, und so viel, sie in Vergessenheit zu bringen. Daß von ihnen auch hier nicht die Rede ist, wird nicht jedem ohne weiteres klar sein, und nur der, dem es klar ist, wird das Maß von Fremdheit aufbringen, das nötig ist, soll das Sehenswerte dieses Antigonestückes, nämlich die Rolle der Gewaltanwendung bei dem Zerfall der Staatsspitze, mit Gewinn gesehen werden. Auch das Vorspiel konnte da nicht mehr tun als einen Aktualitätspunkt zu setzen und das subjektive Problem zu skizzieren. Das Antigonedrama rollt dann objektiv, auf der fremden Ebene der Herrschenden, das Gesamtgeschehen auf" (B. Brecht, Die Antigone des Sophokles, zit. nach: Antigone, Langen-Müller - Paperback 364).

Brecht bezeichnet seine Bearbeitung als entwicklungsfähiges Antigonemodell, das er dem Theater allerdings nicht zur freien Gestaltung überlassen will. Deshalb hat er mit Caspar Neher ein verbindliches Aufführungsmodell geschaffen, das nach Fotografien und erklärenden Hinweisen zu befolgen ist. Es entsteht eine eigene Antigonebühne mit Entwurf für Kostüme und Requisiten sowie der Schaffung eines eigenen Darstellungsstiles:

„Vor einer Halbrunde von Schirmen, beklebt mit geröteten Binsen, stehen lange Bänke, auf denen die Schauspieler ihr Stichwort abwarten können. In der Mitte lassen die Schirme eine Lücke, in der die sichtbar bediente Schallplattenapparatur steht und durch welche die Schauspieler, wenn mit ihrer Rolle fertig, abgehen können. Das Spielfeld wird durch vier Pfähle gebildet, von denen die Skelette von Pferdeschädeln hängen. Im Vordergrund steht auf der linken Seite das Gerätebrett mit den Bacchusstabmasken, dem kupfernen Lorbeerkranz des Kreon, der Hirseschale und dem Weinkrug für Antigone und dem Hocker für Tiresias. Später wird Kreons Schlachtschwert von einem der Alten hier aufgehängt. Auf der rechten Seite steht das Gerüst mit der Eisenplatte, die von einem der Alten zu dem Chorlied „Geist der Freude, der du von den Wassern" mit der Faust angeschlagen wird. Für das Vorspiel ist eine geweißte Wand an Drähten herabgelassen. Sie hat eine Tür und einen Wandschrank. Vor ihr stehen ein Küchentisch und zwei Stühle und rechts vorn liegt ein Sack. Über der Wand wird zu Beginn eine Tafel mit Ort- und Zeitangabe herabgelassen. Es gibt keinen Vorhang.

Die Schauspieler sitzen deshalb offen auf der Bühne und nehmen erst beim Betreten des (sehr hell erleuchteten) Spielfelds die ausgemachten Haltungen der Figuren an, damit das Publikum sich nicht auf den Schauplatz der Handlung versetzt glauben kann, sondern der Ablieferung eines antiken Gedichts, wie immer es restauriert sein mag, beizuwohnen eingeladen wird" (Ed. 367).

Brecht hat seine Antigone-Deutung auch in ein kurzes Gedicht eingebracht, das von Helene Weigel bei der Premiere der Antigone-Bearbeitung 1948 in Chur als Prolog vorgetragen wurde:

Antigone

Komm aus dem Dämmer und geh
Vor uns her eine Zeit
Freundliche, mit dem leichten Schritt
Der ganz Bestimmten, schrecklich
Den Schrecklichen.
Abgewandte, ich weiß
Wie du den Tod gefürchtet hast, aber
Mehr noch fürchtest du
Unwürdig Leben.
Und ließest den Mächtigen
Nichts durch, und glichst dich
Mit den Verwirrern nicht aus, noch je
Vergaßest du Schimpf und über der Untat wuchs
Ihnen kein Gras.

(Brecht, Gesammelte Werke 10 [Gedichte 3], Frankfurt: Suhrkamp 1968, S. 954)

b) Vertonung von Carl Orff

Die Textgestaltung lehnt sich eng an Hölderlins Nachdichtung an. Die Uraufführung fand 1949 in Salzburg statt. Klaviere, Harfen, Pauken, Xylophone und Trommeln bestimmen die Klangfarbe des Orchesters. Die Musik untermalt in einer Art psalmodierenden Monotonie, mit der Orff der antiken Vortragsweise nahezukommen sucht, den Sprechgesang. Höhepunkte entstehen durch schroffen Wechsel zwischen Piano und Forte, sowie verschiedentliche Steigerung der Tempi. Die größte Steigerung legt der Komponist in die große Soloszene der Antigone am Ende des dritten Teiles.

c) Prosabearbeitungen

Rolf Hochhuth

In der FAZ vom 20. 4. 1963 erschien Hochhuths Novelle „Die Berliner Antigone" als Beitrag zu der Frage, wie sich der Autor nach der Diskussion um den *Stellvertreter* sonst zu politischen Fragen stelle. Die Erzählung zeigt eine gewisse Verwandtschaft zum *Stellvertreter*. Sie hat einen unmittelbaren historischen Bezug zu den gerichtlichen Verfahrensweisen während des Zweiten Weltkrieges. Dabei besteht ein Zusammenhang mit den Hinrichtungen nach dem Attentat vom 20. Juli 1944. Hochhuth nimmt seine Motivation von der Tatsache her, daß die Berliner Anatomie von 1939 — 1945 die Leichen von 269 hingerichteten Frauen bekam.

Das Geschehen des Spiels erstreckt sich von dem Moment, in dem die Angeklagte Anne, noch das Todesurteil im Ohr, zur Zelle gebracht wird, bis zum Abend vor der Exekution. In gedanklichen Impressionen wird die Vorgeschichte, subjektiv von Anne erlebt, wiedergegeben.

Wir legen den Text der Novelle vor (überarbeitete Fassung der FAZ-Beilage):

Die Berliner Antigone

Da die Angeklagte *einer* falschen Aussage bereits überführt war, glaubte der Generalrichter, er könne sie retten: Anne behauptete, ihren Bruder — den Gehenkten, wie der Staatsanwalt möglichst oft sagte — sofort nach dem Fliegerangriff ohne fremde Hilfe aus der Anatomie herausgeholt und auf den Invalidenfriedhof gebracht zu haben. Tatsächlich waren ein Handwagen, aber auch eine Schaufel auf der Baustelle an der Friedrich-Wilhelm-Universität entwendet worden. Auch hatten in dieser Nacht, wie immer nach den Bombardements, Feuerwehr, Hitlerjungen und Soldaten die geborgenen Opfer in einer Turnhalle oder entlang der Hauptallee des Friedhofs aufgereiht.

Vor Gericht aber hatten zwei Totengräber mit der zeremoniellen Umständlichkeit, die ihr Gewerbe charakterisiert, die jedoch in Zeiten des Massensterbens so prätentiös wirkte wie ein Sarg, überzeugend bestritten, unter den 280 Verbrannten oder Erstickten, die bis zu ihrer Registrierung unter Bäumen auf Krepp-Papier lagen, den unbekleideten, nur mit einer Plane bedeckten Körper eines jungen Mannes gesehen zu haben. Ihre Aussagen hatten Beweiskraft. Sie präzise vor allem in den Nebensächlichkeiten gaben sie an, persönlich jeden einzelnen der 51 Toten, die weder zu identifizieren gewesen noch von Angehörigen gesucht worden waren, drei Tage später in die Grube gelegt zu haben, in das Gemeinschaftsgrab.

Die Bezeichnung Massengrab war verboten worden. Die Reichsregierung pflegte die Toten eines Gemeinschaftsgrabes mit besonders tröstlichem Aufwand beizusetzen: nicht nur waren Geistliche beider Konfessionen und ein namhafter Parteiredner, sondern auch noch ein Musikzug des Wachbataillons und eine Fahnenabordnung hinzugezogen worden.

Ein Beisitzer des Reichskriegsgerichts, ein großväterlich warmherziger Admiral, der als einziger in dem fast leeren verwahrlosten Saal keine Furcht hatte, war so gerührt durch die Schilderung der Totenfeier, daß er der Angeklagten mit milder Zudringlichkeit empfahl, endlich die Wahrheit zu sagen über den „Verbleib" ihres toten Bruders: Die Entweihung eines Gemeinschaftsgrabes durch die Leiche eines von diesem Gerichtshof abgeurteilten Offiziers müsse sonst leider — er sagte zweimal aufrichtig *leider* — als strafverschärfend gewertet werden.

Anne, zermürbt und leise, beharrte auf ihrer Lüge ...

Der Generalrichter, während der Worte des Admirals wieder in innerem Zweikampf mit seinem Sohn, fand Bodos Gesicht nicht mehr; es zerfloß ihm wie damals im Rauch der Lokomotive — nach ihrem notdürftig zusammengeflickten Übereinkommen, am Vorabend von Bodos Abfahrt zur Ostfront. Mehr als den Verzicht, sich in diesem Augenblick mit der Schwester eines Hochverräters *öffentlich* zu verloben, hatte der Generalrichter seinem Sohn nicht abzwingen können. Seiner Weigerung, dieser Mesalliance jemals die väterliche Zustimmung zu geben, hatte Bodo die Drohung entgegengesetzt, sich sofort mit dieser Person zu verheiraten, die ihn offenbar schon seit Wochen in jeder freien Stunde an seinem Potsdamer Kasernentor abgeholt hatte — auch dann noch, *auch* dann noch, als Annes Bruder schon verhaftet war!

Der Mann, statt dankbar zu sein, daß er als Schwerverwundeter mit einem der letzten Flugzeuge aus dem Kessel von Stalingrad ausgeflogen worden war, hatte nach seiner Genesung schamlos erklärt, nicht die Russen, sondern der Führer habe die 6. Armee zugrunde gerichtet. Und Bodo stand nicht davon ab ...

Der Generalrichter, qualvoll erbittert, mochte das nicht wieder zu Ende denken. Er sah sich fest an einem Wasserfleck, der jetzt wie ein überlebensgroßer Fingerabdruck die Wand über der Büste des Führers durchdrang. Die kolossale Bronze war unerschütterlich auf ihrem Sockel geblieben, obgleich der Luftdruck des nächtlichen Bombardements selbst Rohre im Gerichtshof aus der Wand gerissen hatte ...

Der Generalrichter hörte kaum dem steifschneidigen Staatsanwalt zu. Bodo schien kein Gefühl dafür zu haben, auch seine Mutter nicht, was es ihn kostete, diese Tragödie zur Farce — und dem Führer das Wort im Mund umzudrehen, nur damit dieses aufsässige Frauenzimmer vor dem Beil gewahrt blieb. Wer sonst, wenn er den Vorsitz abgelehnt hätte, würde auch nur daran interessiert sein, Hitlers ironisch wegschiebende Anordnung nach Tisch, die Angeklagte solle „in eigener Person der Anatomie die Leiche zurückerstatten", so auszulegen, als dürfe das Mädchen den Beerdigten stillschweigend zurückbringen?

Der Führer, beiläufig vom Propagandaminister unterrichtet, während ihm die Ordonnanz schon neue Depeschen über den politischen Umsturz in Italien reichte, hatte zweifellos nicht einmal an ein Gerichtsverfahren gedacht: Anne sollte enthauptet und der Anatomie zur Abschreckung jener Medizinstudenten „überstellt" werden, die vermutlich bei der Beseitigung der Leiche ihres Bruders geholfen hatten. Hier in der Reichshauptstadt, unter den schadenfrohen Augen des Diplomatischen Korps, das hatte Hitler noch angefügt, sollte nicht geräuschvoll nach ungefährlichen Querulanten unter den Studenten gefahndet werden: peinlich genug, daß im Frühjahr die feindliche Presse von der Studentenrevolte in München Wind bekam, weil Freislers Volksgerichtshof zwar schlagartig, aber doch zu laut damit aufgeräumt hatte.

Der Generalrichter, selten im Hauptquartier, noch seltener am Tische Hitlers, hatte mit erfrorenen Lippen „Jawohl, mein Führer" gemurmelt und später, ein geblendeter Gefangener, nicht mehr zu seinem Wagen hingefunden. Wie hätte er denn in Hitlers kaltblaue, rasputinisch zwingende Augen hinein das beschämende, das unmögliche Geständnis ablegen können, dieses Mädchen, die Schwester eines Hochverräters, sei heimlich mit seinem Sohn verlobt ...

Jetzt verfiel er, Schweiß unter der Mütze, in den unsachlich persönlichen Tonfall des betagten Admirals und versprach der Angeklagten fast vertraulich mildernde Umstände. Unduldsam, aber genau entgegnete er dem Staatsanwalt: zwar sei nur während des Alarms das Kellergeschoß der Universität in der Nacht zugänglich; auch seien die Gitter dreier Fenster der Anatomie ebenfalls entfernt worden, um zusätzliche Notausgänge zu schaffen; und nur infolge der katastrophalen Verwirrung durch das Bombardement habe die Angeklagte die Schlüssel an sich bringen können. Dennoch: die Beseitigung der Leiche sei keine persönliche Bereicherung, „mithin" könne von Plünderung nicht gesprochen werden. Auch sei die Beerdigung nicht unbedingt ein staatsfeindliches Bekenntnis, da es sich bei dem Verräter um den Bruder handele. Als mildernder Umstand gelte noch die seelische Zerrüttung: der Verurteilung des Bruders sei bekanntlich der Freitod ihrer Mutter gefolgt.

Verdächtig, dachte der Staatsanwalt, ein straffgekämmter Hamburger mit einer Stimme wie ein Glasschneider — verdächtig. Aber der Ton des Generals ließ ihn verstummen. Er entblößte sogar die Zähne, ohne daß ein geplantes verbindliches Lächeln daraus wurde: Der Vorsitzende entschied nämlich auch darüber, ob er ihn weiterhin benötigte oder ihn zur Front „abstellte". Er hätte ihn gern in die Hand bekommen, diesen Chef. Es war doch lachhaft, daß er jetzt der Angeklagten eine befristete Zuchthausstrafe versprach, wenn sie die Exhumierung ihres Bruders unter Bewachung vornähme; ein solches Angebot, sicher, man brauchte sich später nicht daran zu halten — stand in keinem Verhältnis zu ihrem Verstoß gegen den Führerbefehl, politischen Verbrechern das Begräbnis zu verweigern ...

Während der voller Genugtuung die Beugung des Gesetzes durch seinen Chef bedachte; während der Admiral mit dem wehmütigen Wohlgefallen alter Herren diese halberloschene „Pracht von einem Mädel" da auf der Anklagebank teilnahmsvoll mit Blicken tätschelte; und während der Wasserfleck über der Büste des Führers vor dem langen wutroten Fahnentuch weiter und dunkler um sich fraß, zwang sich der General, schon ohne Atem, schon ohne Hoffnung zur äußersten Brutalität: „An langwierige Nachforschungen kann das Gericht zu diesem Zeitpunkt des Totalen Krieges keine Kräfte verschwenden", drohte er heiser und hastig Anne und sich selbst. „Sie können sich 24 Stunden überlegen, ob Ihre Helfershelfer in der Anatomie die Leiche Ihres Bruders dort wieder vorfinden — oder ob die Mitwisser durch Einlieferung *Ihres* Körpers, Kopf vom Rumpf getrennt, darüber aufgeklärt werden sollen, daß wir Nationalsozialisten jeden defätistischen Ungehorsam rücksichtslos ausmerzen." Die Todesangst gab sie nun nicht mehr frei. Doch am Abend waren ihre Hände immerhin so ruhig, daß sie an Bodo schreiben konnte. Es war schon der Abschied, das wußte sie, und Brandenburg, der gute Wärter, der gleich bei Annes Einlieferung mit fröstelndem Grauen „die Schwester" erkannt hatte, war bereit, ihren Brief als Flug-Feldpost hinauszuschmuggeln.

„Du wirst erfahren, wo ich meinen Bruder beerdigt habe, und wenn Du mich später wieder suchst, so nimm ein paar Zweige von unserer Birke an der Havel und lege sie auf sein Grab, dann bist Du mir nahe."

Sie wollte Pfarrer Ohm anvertrauen, wohin sie den Bruder gebracht hatte — wenigstens *er* blieb vor den Schergen und Schändern in Sicherheit. Dieser Gedanke bewahrte sie davor, zu bereuen, obwohl sie nicht mit der Todesstrafe gerechnet hatte und bei der Drohung des Generalrichters zusammengebrochen war. Gewaltsam vertiefte sie sich in die schon Traum gewordene Erinnerung an die Nacht vor zehn Tagen, um nicht wieder völlig von der Angst erbeutet zu werden. „Das Gericht glaubt Ihnen nicht, daß Sie den Bruder auf den Invalidenfriedhof geschafft haben!" hörte sie die durch Gekränktsein verschärfte Stimme des Generalrichters — ich würde das auch nicht glauben, dachte sie jetzt mit einem Sarkasmus, der sie für einen Moment belebte, fast erheiterte ...

Und wenigstens innerlich riß sie sich los von Wand und Gitter, heraus aus der Zelle — und sie war frei, solange sie draußen an den Streifen Erde dachte, an den heidnisch alten, schon seit Generationen stillgelegten Totenacker, rings um die noch mit Feldsteinen aufgetürmte Marienkirche, im ältesten Stadtteil, ganz nahe der Universität. Die mächtigsten, die königlichen Bäume Berlins wölbten sich dort domhoch über die wenigen Grabsteine dahingesiechter Jahrhunderte, und einen der Steine, einen starken Schild der Ruhe, ausgeweint von Regen und Schnee, zerrissen wie — wie Mutters letztes Gesicht, hatte sie an jenem Nachmittag zum Grabstein des Bruders bestimmt. Sie wollte Ohm jetzt bitten, ihr die Bibelstelle zu übersetzen, die sie dort noch mühsam herausgelesen hatte: Apost. 5, 29 — während der Name für die Augen, auch für die tastende Hand schon verloren war.

Wie viele hatten dort wohl Ruhe gefunden. Aus Scheu grub Anne nicht sehr tief. Sie hatte mit einem großen Messer die dicke Decke aus Moos und Rasen ziemlich spurlos herausgetrennt, während ihr sichernder Blick, sooft sie aufsah in die laute Nacht, über die glutsprühenden Dächer wie in eine Schmiede fiel. Ganz Berlin eilte in chaotisch geschäftigen Löschzügen zu den Bränden, und Anne ließ sich einfach mitreißen von dem heißen Wirbel, als sie, sofort nach dem Ende des Angriffs, mit dem Handwagen den Hof der Universität verließ — woran sich später die Denunziantin, eine Kommilitonin, erinnern konnte. Die phosphoreszierte Friedrichstraße hatte sich brechend und verglühend im Feuerwind gegen den Himmel gebäumt, eine flackernde Fahne der Verwüstung. Und dann — wie eine Friedensinsel, so meerweit getrennt von der orgiastischen Brandwut, lag der dunkle Acker da. Niemand störte sie. Vor der Straße durch verwilderte Forsythien geschützt, geschützt im Rücken durch die gotische Nische, grub sie ohne Hast und warf die Erde auf die Plane, die den Bruder bedeckt hatte. Und sie spürte die große Anstrengung nicht, als sie den Körper vom Wagen hob und ihn noch einmal hob und bettete. Doch vermied sie, das friedlose Gesicht anzusehen; denn am Nachmittag in der Anatomie war sie hinausgestürzt, schluchzend zu erbrechen. Sie breitete ihren Sommermantel über den Bruder. Vor Erleichterung — aber doch auch, weil sie ihn jetzt mit Erde bedecken sollte, überfiel sie ein wildes Schluchzen — und dann sah sie sich schon in der Falle: ihre Beine, ihr Rock, ihre Hände waren so sehr von der feuchten Erde beschmutzt. Atemlos warf sie das Grab zu. Erst als sie, wieder kniend, schon den Rasen auflegen wollte, wurde ihr bewußt, daß nach dieser Brandnacht Zehntausende ebenso beschmutzt herumlaufen würden. Da ließ sie sich Zeit. Behutsam deckte sie die Erde ab, verteilte den Rest unter Büschen und preßte mit den Händen das Moos fest. Ehe sie mit dem Handwagen auf die Straße ging, schlich sie spähend hinaus, wartete, bis ein schweres Lastauto den Lärm verstärkte, und nach fünfhundert Metern erreichte sie wieder das erste brennende Haus; und etwas weiter, da riefen zwei Hitlerjungen sie um den leeren Wagen an, packten Koffer und Körbe und schließlich noch eine hysterische

Frau obenauf, die sie unversehrt aus dem Keller gezogen hatten, und Anne ließ sich versprechen, sie würden den Wagen morgen am Hauptportal zum Invalidenfriedhof abstellen, und dann warf sie die Schaufel und die Plane in die schwelenden Trümmer. Später fand sie einen Hydranten, an dem die Feuerwehr gerade den Schlauch abschraubte, und da wusch sie sich die Beine und das Gesicht und die Arme. Und hinter ihr trug man Tote weg, und sie floh aus den Trümmerstraßen, getrieben, sich bei Bodo zu bergen, überwältigt von einer quälenden Gier nach Leben — um es zu vergessen, das Leben.

Das hätte sie ihm gern geschrieben, jetzt, wo die Angst sie wieder hochjagte von der Pritsche und die zweimal zwei Meter des Käfigs ihr unter den Füßen zu schrumpfen — und dann wegzusacken schienen wie die Klappe des Galgens. Sie durfte ihm nicht verraten, wie trostlos sie war. So zwang sie sich, ihm zu schreiben, sie fände es nicht sinnlos, zu sterben für das, was sie getan hatte. Das war die Wahrheit, aber nicht die ganze. Auch das war aufrichtig: daß sie den Tod, da schon so unzählige Generationen „drüben" seien, nicht fürchten könne; daß sie sich aber in erstickendem Ekel mit der Hand an die Kehle griff, sooft sie ans Sterben dachte, an die Anatomie, das verschwieg sie. Und endlich fand sie sogar etwas Ruhe in dem banalen Gedanken: so viele müssen sterben können, Tag für Tag, und die meisten wissen nicht einmal wofür — ich werde es auch können. Und sie fand es nur noch anmaßend, nach einem Sinn zu fragen, und sie konnte jetzt denken: daß so viele schon drüben sind, daß alle nach drüben kommen, das muß mir, das *muß* mir genügen.

Das Letzte verschwieg sie auch sich. Brandenburg wartete auf den Brief. Sie mußte einen kleinen Halt, ein einziges Wort, das ihm blieb, hineinlügen — und da sie einen Stern durchs Gitter sah, den sie nicht kannte, und noch einen, so fiel ihr ein, was sie im letzten Urlaub verabredet hatten, beim Segeln in einer hohen hellen Nacht: immer aneinander zu denken, wenn sie abends den Großen Wagen sähen, Bodo in Rußland, sie in Berlin. Und sie schloß: „Ich sehe durchs Gitter unseren goldenen Wagen, und da weiß ich, daß Du jetzt an mich denkst, und so wird das jeden Abend sein, und das macht mich ruhig. Bodo, lieber Bodo, alle meine Gedanken und Wünsche für Dich vertrau ich ihm an, für immer. Dann weiß ich, sie erreichen Dich, wie weit wir auch getrennt sind."

Die Planierung des Gerichtshofes durch eine Luftmine verlängerte Annes Bedenkzeit auf elf Tage.

Ihr Pflichtverteidiger schaufelte mit rotplumpen Händen nur hilflos leere Luft; sie hatte ihn zwanzig Minuten vor der ersten Verhandlung kennengelernt. Bei seinem zweiten und letzten Besuch sah er sich um nach der Zellentür, als erwarte er von dort einen Genickschuß. Dann wisperte er, sein Taschentuch neben dem Mund: „Die Frau des Generalrichters war heut früh bei mir, sie hat geweint — jetzt weiß ich erst, daß ihr Sohn und Sie ... also: der General wird Sie retten, wenn Sie sich sofort bereit erklären ..." Anne, als dürfe sie das nicht hören, bat ihn hektisch, endlich eine Nachricht von Bodo herbeizuschaffen.

Die Besuche des Pfarrers waren ihr gefährlicher. Ohm versuchte, Anne klarzumachen, daß ein Unbestatteter nach christlicher Auffassung nicht ruhelos bleibe. Und sosehr sie seine Besuche herbeisehnte, so erleichtert war sie, wenn er ging. Sie weinte jedesmal, schließlich war sie so verwirrt, daß sie nicht mehr wußte, ob sie ihm das Geheimnis zuletzt für Bodo anvertrauen dürfe.

Vier Tage und Nächte teilte sie dann die Zelle mit einer neunzehnjährigen polnischen Zwangsarbeiterin, die ihr aus zerknetetem Brot einen Rosenkranz formte, mit dem Anne sowenig beten konnte wie — ohne ihn. Die Verschleppte aus Lodz hatte sich heimlich, während eines Fliegeralarms, in einer Dresdner Bäckerei satt gegessen und sollte deshalb als Plünderer geköpft werden. Sie war nicht tapfer, aber stoisch, so daß ihre Gegenwart Anne erleichterte — während der Generalrichter gehofft hatte, das Zusammensein mit der rettungslos Verlorenen, die nicht einmal Angehörige benachrichtigen durfte, mache Anne geständig. Und wahrscheinlich wäre seine Rechnung dennoch aufgegangen. Als nämlich der Polin die Stunde schlug — im lauernden Morgenlicht des zehnten Tages von Annes Bedenkzeit — und sie aufgerufen wurde, ohne Gepäck mitzukommen, umarmten und küßten sie sich — Schwestern vor dem Henker; und Anne, durch die Berührung mit dem schon ausgebluteten Gesicht der Gefährtin jäh wie vom kalten Stahl des Fallbeils selbst angerührt, wurde mit einem Schnitt innerlich abgetrennt von ihrer Tat: Sie begriff das Mädchen nicht mehr, das seinen Bruder bestattet hatte — wollte es nicht mehr *sein*, wollte zurücknehmen. Damit war sie vernichtet. Allein gelassen, duckten ihre Nerven sich vor jedem Schritt draußen auf dem Gang, dessen blendender Linoleumläufer nicht betreten werden durfte. Ihr flatternder Blick stieß sich wund an den Mauern und verfing sich in den Gitterstäben, durch die der Tag hineinprahlte. „Das Leben geht weiter" — diese roheste aller Platitüden, sie verbrannte ihr Herz. Noch in den Spatzen, die sie beim Rundgang im Hof auf Kokshalden gesehen hatte, demütigte sie diese ordinäre Wahrheit. Und was Bodo ihr zum Trost gesagt hatte, als sie erfuhr, ihr Bruder werde gehenkt, das nagelte nun Stunde um Stunde ihre kaltwache Vorstellungskraft auf das Brett unterm Messer, auf dem man sie anschnallen würde, und richtete ihre Augen auf die Blutrinne in den Fliesen hinter der Guillotine: der rumpflose Kopf lebt da unten noch weiter, noch lange, zwar blind, doch vermutlich bei Bewußtsein, manchmal eine halbe Stunde — während der Tod am Galgen meist schnell eintritt. Mit dieser Feststellung hatte der Generalrichter vor seiner Familie einmal zu rechtfertigen versucht, daß er „Verräter", denen die Kugel verweigert wurde, dem Strang überantwortete, und Bodo hatte Anne mit nichts anderem beruhigen können. Was mochte jetzt *er* durchleiden, seit er wußte, was ihr bevorstand? Denn Frauen, auch das hatte er ihr damals gesagt, blieb laut Führerweisung das Beil verordnet ...

Als man aber später dem Pfarrer aufschloß, kam sie nicht dazu, ihre Tat zurückzunehmen. Sein Gesicht war eingestürzt. Und seine Unfähigkeit, das erste Wort zu finden, gab Anne für die Dauer weniger Atemzüge die Kraft, Gelassenheit vorzutäuschen. Sie glaubte, er müsse ihr sagen, sie sei schon verurteilt. Sie deutete an, er könne „es" sagen. Da murmelte er, und sie hielten sich aneinander fest: „Ihr Verlobter, Bodo, hat sich in einem russischen Bauernhaus erschossen."

Lange erst, nachdem er es gesagt hatte, hörte sie ihn: „Man fand nur Ihren Brief bei ihm, er hatte ihn erst eine halbe Stunde ... "

„Brief?" — und er las an ihren Augen ab, daß sie das nicht begriff. Bodo hatte auch seiner Mutter nicht mehr geschrieben. Das sagte er ihr. „Kein Brief — kein — *nichts* für mich?"

Nun mußte er es *doch* sagen. „Er wollte zu Ihnen ... verstehen Sie!" sagte der Geistliche, und seine Augen zuckten. Er mußte es wiederholen: „Bodo wollte bei Ihnen sein. Er glaubte doch — er dachte, Sie seien schon ... tot."

Hitler zeichnete alsbald den Generalrichter mit der höchsten Stufe des Kriegsverdienstkreuzes aus und empfing den durch häufiges Weinen noch treuer gewordenen Mann persönlich im Hauptquartier. Bei Tisch sagte er an diesem Tag, und es war das erste Mal, daß seine Tafelrunde ihn erbittert über den entmachteten, aber von ihm noch immer sehr verehrten Mussolini sprechen hörte, der italienische Staatschef könne sich ein Beispiel nehmen an diesem deutschen Richter, der in heroischer Weise die Staatsräson seinen familiären Gefühlen übergeordnet habe — und solle sich endlich dazu aufraffen, seinen Schwiegersohn, den Verräter Graf Ciano, in Verona erschießen zu lassen.

Der Generalrichter hatte sein Angebot nicht ausdrücklich widerrufen, wäre aber — nach Bodos Tod war er zwei Tage nicht zum Dienst erschienen — vielleicht auch nicht mehr imstande gewesen, die Delinquentin noch aus der angelaufenen Vernichtungsmaschinerie zurückzureißen. Sie hatte Anne automatisch in dem Augenblick erfaßt, in dem sie ins Gefängnis Lehrter Straße überführt worden war — schon als „Paket". Das war die Fachbezeichnung für „Patienten mit geringer Lebenserwartung", wie die besseren Herren der Justiz, die sich in fast jeder Situation ihren Witz bewahrten, zu sagen pflegten.

Paket besagte: als juristische Person abgebucht, zur Dekapitulation und behördlich überwachten Kadavernutzung freigegeben. Das Honorar für Urteil, Gefangenenkost und Scharfrichter sowie „für Übersendung dieser Kostenrechnung" war bei politischen Verbrechern per Nachnahme von den Angehörigen einzutreiben, im Falle ihrer „Nichtauffindung" oder bei Ausländern der Staatskasse „anzulasten".

Seit Anne wußte, wie Bodo ein Leben ohne sie eingeschätzt hatte, fand auch sie selbst in ihren starken Augenblicken das Leben nur noch überwindenswert — und doch hatte sie ein Gnadengesuch geschrieben, dem sie sich nun gedemütigt ausgeliefert sah. Nur körperliche Schwäche — denn „Pakete" bekamen in ihren absichtlich überheizten Zellen fast nichts mehr zu essen, an manchen Tagen nur eine Handvoll Kraut —, nur ihre Schwäche verdrängte zuweilen ihre seelischen Heimsuchungen. Der Hungerschmerz reduzierte sie auf ihre Animalität, und zuzeiten nahm das hysterisch gesteigerte Bedürfnis nach einem Stück Seife ihr den Blick dafür, daß sie gesetzlichen Anspruch nicht einmal mehr auf Sauerstoffzufuhr hatte. Schließlich atmete sie nur noch, weil sie in lächerlicher Verkennung der Kriegslage dem Größenwahn erlegen war, der Führer oder auch der Herr Reichsminister für Justiz fänden noch die Zeit, sich mit einem Gnadengesuch zu befassen — das aber selbstverständlich, trotz seiner „Nicht-Vorlage" niemals übereilt abgelehnt wurde, sondern erst nach einer humanen Frist, wie sie in der Verordnung vom 11. Mai 1937 bestimmt worden war.

Manchmal entrissen ihre Toten, der Freund, die Mutter, der Bruder, Anne ihrer Angst und bewirkten, daß das Unvorstellbare, ihr eigenes Totsein, vorstellbar wurde ohne Entsetzen, ja eben als die wahre verläßliche Freiheit. In solchen Momenten war sie bereit. In den Nächten, wenn sie lag, überwog ihre Daseinsbegierde. Am Tag, unter der Folter der Zuchthausgeräusche, wenn ein Wagen im Hof, wenn Schritte und Lachen und Schreie und Schlüssel ihr den Vollstrecker anzukündigen schienen, versuchte sie, auf ihrem Schemel unter dem Gitter, sich abzuwenden von der gegenüberliegenden Tür, von dem Kübel und den Würghänden, die sie seit der Gerichtsverhandlung nach sich greifen sah — und in die Einsicht zu flüchten, daß allein der Tod uns beschützen kann. Der Tod, nicht Gott. Denn zu jung, um ergeben zu sein, trennte sie von *dem* wie eine Eiszeit die kosmische Gleichgültigkeit, mit der er seinem Geschöpf gegenüberstand, echolos wie die Zellenwand. Von „oben" erhoffte sie nichts als ihre schnelle Hinwegnahme durch eine Bombe, denn „Pakete" wurden während der Fliegerangriffe auf Berlin nicht aus ihren Gehäusen im fünften Stockwerk in die Luftschutzkeller mitgenommen; das hätte zu hohen „Personalaufwand" erfordert. Einmal splitterte die Scheibe in ihre Zelle — es war der Augenblick, sich die Adern zu öffnen, aber Hoffnung und Schwäche hinderten sie. Und als sie es endlich gekonnt hätte, da war Tag, und ihre Wärterin, eine kinderreiche, die Anne oft heimlich einen Apfel mitbrachte, entfernte mit geradezu antiseptischer Sorgfalt auch den winzigsten Splitter, nicht nur aus Annes Käfig, sondern sie fand bei der „Filzung", wie sie die Leibesvisitation nannte, auch das scherenspitze Glas, das Anne als letzte Waffe gegen ihre äußerste Entwürdigung in ihrem Haar unter dem gestreiften Kopftuch versteckt hatte. Sie lachte aus ihrer guten nahrhaften Brust, die deutsche Mutter, weil sie doch noch pfiffiger war als die Gefangene, sie lachte ohne jede Grausamkeit — und erschrak so sehr, als sie, zum erstenmal, in Annes Augen Tränen sah und ganz unvorbereitet ihr wimmerndes, verzweifeltes, irrsinniges Betteln um den Splitter abwehren mußte, daß sie schnell ging, einen Apfel zu holen. Sogar ein Arzt gab jetzt acht, daß Anne bei voller Gesundheit auf das Schafott kam. Tatsächlich verlangte die bürokratisch geregelte Absurdität des „Endvollzuges" die Anwesenheit eines Mediziners, als man ihr endlich — eine Formalität von neunzig Sekunden — die unbegründete Ablehnung des Gnadengesuchs und die Stunde ihrer Enthauptung verlag. Ohne Auflehnung ließ Anne, gefesselt seit der Urteilsverkündung, sich auch noch die Füße an eine kurze Kette legen und mit sechs anderen jungen Frauen, von denen eine noch ein Kind während der Haft geboren hatte, zum Auto nach Plötzensee bringen, wo ihnen ein halbidiotischer Schuster, der seit Jahren als Rentner dieses Privileg eifrig hütete, mit verschreckt geilen Augen und zutraulichem Geschwätz umständlich das Haar im Nacken abschnitt; dabei ließ er die schimmernde Flut von Annes sehr langen, blonden Haaren mit seniler Wollust durch seine riechenden Finger gehen, wickelte ihr Haar dann grinsend um einen seiner nackten Unterarme und tänzelte, die Schere unaufhörlich öffnend und schließend, um die Gefesselte herum, bis man ihn hinauspfiff wie einen Hund. Denn Anne mußte sich völlig ausziehen, um nur noch einen gestreiften Kittel und Sandalen anzulegen.

Die Todeszellen blieben offen, die Delinquenten waren an einen Mauerring gekettet. So sprach Pfarrer Ohm sie noch. Ob Anne sich jetzt des Wortes Apost. 5, 29 erinnern konnte, das sie auf dem Grabstein des Bruders gefunden hatte; ob sie jenes Mädchen gewesen ist, das nach einer Chronik an diesem Nachmittag „wie eine Heilige starb"; oder ob sie es war, die zum Schafott ein Foto in den gefesselten Händen mitnahm, um für ihre Augen einen Halt zu finden — wir wissen es nicht. Pfarrer Ohm schrieb einige Jahre später auf eine Anfrage: „Ersparen Sie sich die technischen Einzelheiten, mein Haar ist darüber weiß geworden."

Die Frauen wurden in kurzen Abständen über den knochengrauen Hof zum Schuppen des Henkers geführt. Dorthin durfte kein Geistlicher sie begleiten. Wer da, neben dem dreibeinigen Tischchen mit Schnaps und Gläsern, als Augenzeuge Dienst hat, der Admiral, der Staatsanwalt, ein Oberst der Luftwaffe als Vertreter des Generalrichters und ein Heeresjustizinspektor, der schwieg sich aus nach dem Krieg, um seine Pension nicht zu gefährden. Nur darüber berichtet das Register: auch an diesem 5. August waltete als Nachrichter der Pferdeschlächter Röttger seines Amtes, der für seinen Schalk berüchtigt war und der, fast auf den Tag genau, ein Jahr später den Feldmarschall von Witzleben und elf seiner Freunde in Drahtschlingen erwürgte. Diese Hinrichtung wurde gefilmt, weil der Führer und sein Stab sich am Abend in der Reichskanzlei ansehen wollten, wie die Männer verendeten, die am 20. Juli 1944

versucht hatten, das Regime zu beseitigen. Ein Staatssekretär hat überliefert, daß
selbst der satanische Parteigenosse Hitlers, sein Propagandaminister, während der
Filmveranstaltung sich mehrmals die Hand vor die Augen hielt.

EPITAPH

Die Berliner Anatomie erhielt in den Jahren 1939—1945
die Körper von 269 hingerichteten Frauen

*Professor Stieve im „Parlament" am 20. 7. 1952, dem 8. Jahrestag
des gescheiterten Attentats auf Hitler*

(Aus: Rolf Hochhuth, Die Hebamme, Komödie. Erzählungen, Gedichte, Essays.
Reinbek: Rowohlt 1972 = Die Bücher der Neunzehn 203, S. 40 — 50)

Elisabeth Langgässer

In Elisabeth Langgässers Kurzgeschichte „Die getreue Antigone" (erschienen
1947) pflegt Carola, deren Bruder im KZ umgekommen ist, das Grab eines
unbekannten Soldaten. Sie erweist die Grabesehren, die sie für ihren Bruder
nicht leisten kann, als Zeichen der Versöhnung, weil sie nicht weiß, wer in
dem Grab bestattet ist: Freund oder Feind. Ihr Verhalten ist ganz auf den
Frieden der Toten gerichtet. Dabei geht es ihr um die Überlebenden, die dem
Tod der Opfer einen Sinn geben und den Haß unter den Menschen über-
winden sollen. Sie will diese Ruhe selbst erwerben, geborgen im Glauben,
der durch Liebe gewonnen ist.

Wir legen den Text der Kurzgeschichte vor:

Die getreue Antigone

Das Grab lag zwischen den Schrebergärten, ein schmaler Weg lief daran vorbei und
erweiterte sich an dieser Stelle wie ein versandetes Flußbett, das eine Insel umschließt.
Das Holzkreuz fing schon an zu verwittern; seine Buchstaben R. I. P. waren vom
Regen verwaschen, der Stahlhelm saß schief darüber und war wie ein Grinsen, mit
welchem der Tod noch immer Wache hielt. Gießkanne, Harke und Rechen lagen an
seiner Seite, das Mädchen Carola stellte den Spankorb mit den Stiefmütterchen-
pflanzen, die es ringsherum einsetzen wollte, ab und wandte sich zu seinem Begleiter,
der ihr gelangweilt zusah und unter der vorgehaltenen Hand das Streichholz an-
rätschte, um seine Camel im Mundwinkel anzuzünden.
Kein Lüftchen. Der Frühling, an Frische verlierend, ging schon über in die Ver-
heißung des Sommers, der Flieder verblühte, die einzelnen Nägelchen bräunten und
begannen, sich aus Purpur und Lila in die Farbe des Fruchtstandes zu verwandeln,
der Rotdorn schäumte gewalttätig auf, die Tulpenstengel, lang ausgewachsen, trugen
die Form ihrer Urne nur noch diesen Tag und den nächsten — dann war auch das
vorbei. Eine häßliche alte Vase und zwei kleine Tonschalen dienten dazu, den
Blumenschmuck aufzunehmen — jetzt waren Maiglöckchen an der Reihe, Narzissen,
die einen kränklichen Eindruck machten, und Weißdorn, der das Gefühl einer Fülle
und Üppigkeit zu erwecken suchte, die zu dem unangenehmen Geruch seiner kleinen,
kurzlebigen Blüten in seltsamem Gegensatz stand.

„Wenn der Rot- und Weißdorn vorüber ist, kommt eine Zeitlang gar nichts", sagte Carola, bückte sich und leerte das schmutzige Wasser aus beiden Schalen aus, füllte sie wieder mit frischem Wasser und seufzte vor sich hin.

„Rosen", sagte der junge Bursche. „Aber die sind noch nicht da. Du hast recht: dazwischen kommt gar nichts. Ein paar Ziersträucher höchstens, rosa und gelbe, aber die Zweige müßte man abreißen, wo man sie findet —", er blinzelte zu ihr hin.

„Nein", sagte sie rasch.

„Nicht abreißen? Nein? Dann muß der da unten warten, bis wieder Rosen blühen."

Er lachte roh und verlegen auf; das Mädchen begann das Grab zu säubern, die herabgefallenen Blütchen sorgfältig aufzulesen und die Seitenwände des schmalen Hügels mit Harke und Händen gegen den Wegrand genauer abzugrenzen. (So hat sie wohl schon als kleines Mädchen auf dem Puppenherd für ihre Ella und Edeltraut Reisbrei gekocht, Pudding und solches Zeug, schoß es ihm durch den Sinn.) Wieder mußte er lachen; sie blickte mißtrauisch auf und unterbrach ihr Hantieren; wirklich war es, als ob auf dem Grab, das die Weißdornblüten bedeckten, Zucker verschüttet wäre, oder spielende Kinder hätten vergessen, ihr Puppengeschirr, als die Mutter sie rief, mit in das Haus zu nehmen.

„Gib den Korb mit den Pflanzen her", sagte Carola. „Ich will sie jetzt einsetzen. Auch den Stock, um die Löcher in die Erde zu machen, immer in gleichem Abstand —", sie war vor Eifer ganz rot. „Hol ihn dir selber", sagte der Bursche und drückte an einem morschen Pfahl die Zigarette aus. „Ein Blödsinn, was du da treibst."

„Was ich treibe?"

„Na — dieses Getue um das Soldatengrab. Immer bist du hierher gelaufen. September, Oktober: mit Vogelbeeren; November, Dezember: mit Stechpalmen, Tannen, hernach mit Schneeglöckchen, Krokus und Zilla. Und das alles für einen Fremden, von dem du nicht einmal weißt —"

„Was weiß ich nicht?"

„Was er für einer war."

„Jetzt ist er tot."

„Vielleicht ein SS-Kerl."

„Vielleicht."

„Ja, schämst du dich eigentlich nicht?" brauste der Bursche auf. „Deinen ältesten Bruder haben die Schufte in Mauthausen umgebracht. Wahrscheinlich hat man ihn —"

„Sei doch still!" Sie hielt sich mit verzweifeltem Ausdruck die Hände an die Ohren; er packte sie an den Handgelenken und riß sie ihr herunter, sie wehrte sich, keuchte, ihre Gesichter waren einander ganz nahe, plötzlich ließ er sie los.

„Tu, was du willst. Es ist mir egal. Aber ich bin es satt. Adjö —."

„Du gehst nicht!"

„Warum nicht? Du hast ja Gesellschaft. Ich suche mir andere."

„Die kenne ich", sagte das Mädchen erbittert. „Die von dem Schwarzen Markt."

„Und wenn schon? Der Schwarze Markt ist nicht schlimmer als deine Geisterparade. Gespenster wie dieser da ... Würmer und Maden." Er deutete mit dem Kopf nach dem Grab, das nun, vielleicht weil Harke und Rechen, während sie beide rangen, quer darüber gefallen waren, einen verstörten Eindruck machte und ein Bild der Verlassenheit bot. „Komm", sagte der Bursche besänftigt. „Ich habe Schokolade."

„Die kannst du behalten."

„Und Strümpfe." Schweigen. „Und eine Flasche Likör."

„Warum lügst du?" fragte das Mädchen kalt.

„Nun, wenn du weißt, daß ich lüge", sagte der Bursche gelassen, „kann ich ja aufhören. Oder meinst du, das Lügen macht mir Spaß?"

„Dann lügst du also aus Traurigkeit", sagte Carola kurz.

Sie schwiegen, die Nachmittagssonne brannte, in der Luft war ein Flimmern wie sonst nur im Sommer, ein flüchtiges Blitzen, der leise Schrei und das geängstigte Seufzen der mütterlichen Natur. Ein Stück niedergebrochenen Gartenzauns lag am Wegrand, sie setzten sich beide wie auf Verabredung nieder, der junge Mann zog Carola an sich und legte wie ein verlaufener Hund den Kopf in ihren Schoß. Sie saß sehr gerade und starrte mit aufgerissenen Augen nach dem Soldatengrab ...

„Glaubst du wirklich, daß Clemens so qualvoll — ?" fragt Carola leise. „In dem Steinbruch oder ... "

„Ich weiß es nicht. Laß doch. Quäle dich nicht", murmelte er wie im Schlaf. „Für Clemens ist es vorbei."

„Ja", sagte sie mechanisch, „für Clemens ist es vorbei." Sie nickte ein paarmal mit dem Kopf und fing dann von neuem an.

„Aber man möchte doch wissen."

„Was — wissen?"

„Ob er jetzt Frieden hat", sagte sie, halb erstickt.

„Da kannst du ganz ruhig sein. Du weißt doch, wofür er gestorben ist."

„Ich weiß es. Aber siehst du, als Kind konnte ich schon nicht schlafen, wenn mein Spielzeug im Hof geblieben war; das Holzpferd oder der Puppenjunge. Wenn es Regen gibt! Wenn er allein ist und hat Angst vor der Dunkelheit, dachte ich. Verstehst du mich denn nicht?"

Er gab keine Antwort, Carola schien sie auch nicht zu erwarten, sondern richtete ihre Fragen an einen ganz anderen.

„Ist das Sterben schwer? Du kannst es mir sagen. Der Augenblick, wo sich die Seele losreißt von allem, was sie hat?"

Nun bewegte sich doch noch ein leiser Wind und hob die äußeren Enden der Weißdornzweige empor; die schräge fallenden Sonnenstrahlen wanderten über den Stahlhelm und entzündeten auf der erblindeten Fläche einen winzigen Funken von Licht.

„Liegst du gut?"

Der junge Mann warf den Kopf wie im Traum auf ihrem Schoß hin und her; sein verfinstertes junges Gesicht mit den Linien der unbarmherzigen Jahre entspannte sich unter den streichelnden Händen, die seine widerspenstigen Strähnen langsam und zart zu glätten versuchten und über die Stirn zu den Schläfen und von da aus über die Wangen gingen ... die Lippen, die ihn kühlen Finger mit einem leise saugenden Kuß festzuhalten versuchten ... bis die Finger endlich, selber beruhigt, in der Halsgrube liegenblieben, wo mit gleichmäßig starken Schlägen die lebendige Schlagader pochte.

„Ich liege gut", gab der junge Mann mit entfernter Stimme zurück. „Ich möchte immer so liegen. Immer ... " Er seufzte und flüsterte etwas, das Carola, weil er dabei den Mund auf ihre Hände preßte, nicht verstand; doch sie fragte auch nicht danach.

Nach einer Weile sagte das Mädchen: „Ich muß jetzt weiter machen. Die Mutter kommt bald nach Haus. Übrigens, daß ich es nicht vergesse: der Kuratus hat

gestern nach dir gefragt. Es ist jetzt großer Mangel an älteren Ministranten, besonders bei Hochämtern, weißt du, an hohen Festen, und so. Ob du nicht —?"
„Nein. Ich will nicht." Der Bursche verzog seinen Mund.
„... die Kleinen können den Text nicht behalten, sie lernen schlecht und sind unzuverlässig", fuhr sie unbeirrt und beharrlich fort. „Bei dem Requiem neulich —"
Sie stockte. Dicht vor beiden flog ein Zitronenfalter mit probenden Flügelschlägen vorbei und ließ sich vertrauensvoll und erschöpft auf dem Korb mit den Pflänzchen nieder.
„Meinetwegen", sagte der Bursche. „Nein: deinetwegen", verbesserte er. „Damit du Ruhe hast", fügte er noch hinzu.
„Damit er ... Ruhe hat", sagte sie und griff nach dem Pflanzenkorb.

(Aus: Elisabeth Langgässer, Erzählungen. Düsseldorf: Claassen 1964)

VI. Theater

1. Das antike Theater

Die Tragödien — die Zahl der zwischen 480 und 380 v. Chr. aufgeführten Stücke dürfte etwa 2000 betragen — wurden in Athen in dem noch erhaltenen Dionysostheater aufgeführt. Das Theater der klassischen Zeit bestand aus folgenden Teilen:

Orchestra = Tanzplatz, rund, etwa 30 Meter Durchmesser; hier agierte der Chor.

Skēnḗ (eigentlich: „Zelt") = Bühnenhaus mit Türen, ursprünglich aus Brettern bestehend (daher Abschlagen möglich, wenn es die Szenerie verlangte: Hain im „Ödipus auf Kolonos"), später aus Stein. Hier erfolgte der Auftritt der Schauspieler. Das Bühnenhaus diente auch zum Installieren technischer Einrichtungen, wie des Enkýklema, das ins Freie gerollt wurde, um das Ergebnis von Handlungen, die nicht im Freien gezeigt wurden, sichtbar zu machen, oder der Einrichtung des „deus ex machina", einer Art Kran, mit dessen Hilfe die Götter von außen erscheinen und eine Lösung für die Handlung bringen konnten. Die Skēnḗ ist ein neutraler Ort und nur Diskussionsplattform für die verschiedenen Ansichten.

Paraskḗnion = Flügelbau an jeder Schmalseite der Skene. Die Schauspieler sprachen in dem Raum zwischen den Paraskenien und vor der Skene, um den Schall zu den Zuschauern hin verstärken zu können.

Proskḗnion = vordere Bühnenwand, die zu Dekorationszwecken diente.

Théatron = Zuschauerraum (der in Athen in den Felshang der Akropolis eingearbeitet ist); Fassungsvermögen: bis zu 15 000 Zuschauer (Athen und Epidauros).

Párodos = jeweiliger Eingang (auch Bezeichnung für das Einzugslied des Chores) zwischen Skene und Theatron für die Zuschauer vor, für den Chor und bestimmte Schauspieler während der Aufführung.

Die Schauspieler trugen eine Maske aus einem leichten, bemalten Stoff, der am Gesicht fest anlag. Die Maske verdeckte die individuellen Gesichtszüge und wirkte typisierend für die betreffende Rolle. Mit der Zeit dürfte sich eine Typologie von Maske, Kostüm und Art des Agierens herausgebildet haben.

„In allen drei dramatischen Gattungen, in Tragödie, Satyrspiel und Komödie, waren die Schauspieler stark verkleidet, viel mehr als im neuzeitlichen Bühnenspiel. Das hing nicht nur damit zusammen, daß die weiblichen Rollen von Männern gespielt wurden, sondern hatte seine Wurzeln letztlich im Religiösen. Die völlige Verkleidung war das äußere Anzeichen dafür, daß der Schauspieler zu Ehren des Gottes sein

Selbst aufgab, um ein anderes Wesen aus sich sprechen und handeln zu lassen. Denn Dionysos, für den die Dramen aufgeführt wurden, war der Gott der Ekstase. Das Wort Ekstasis meint das Heraustreten aus sich selbst, oder, modern ausgedrückt, das Aufgeben der Individualität. Ein wichtiges Mittel dazu war in allen drei dramatischen Gattungen die Maske ..." (Simon 17 f.).

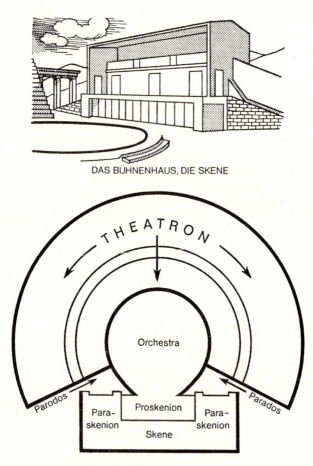

DAS BÜHNENHAUS, DIE SKENE

DIE TEILE DES ANTIKEN THEATERS

2. Zur modernen Aufführung antiker Tragödien

Moderne Aufführungen antiker Tragödien müssen von zwei Aspekten her gesehen werden: sowohl aus der Sicht des Philologen wie aus der des Regisseurs.

Für die Philologie ist maßgebend Schadewaldts Aufsatz „Antike Tragödie auf der modernen Bühne". Hier charakterisiert Schadewaldt die Vorstellungsarten, mit denen man das Wesen des Tragischen einzufangen suchte, zunächst nach der negativen Seite:

„Als am Ende des Jahrhunderts der aus dem Historismus geborene Naturalismus aufkam, der in der Bewertung der antiken Tragiker den Euripides neben und fast an die Stelle des bis dahin zumeist kultivierten „harmonischen" Sophokles stellte, wehte auch in die Ausdeutung der antiken Tragödie ein frischerer Wind, und ohne Zweifel verlieh zumal die von dem jungen Wilamowitz betriebene psychologische Ausdeutung den verblaßten spätklassizistischen Kategorien damals eine neue Farbigkeit. Allein, das führte dazu, daß man auch in der antiken Tragödie nun vor allem das ‚Charakterdrama' sah. Noch bis in unser Jahrhundert hinein gaben sich die philologischen Kommentare viel Mühe damit, aus mosaikartig zusammengesetzten ‚Stellen' die Charaktere der Haupt- und Nebenhelden zu rekonstruieren. Die Frage nach der tragischen Schuld als einer letztlich moralischen Individualschuld stand auch hier weiter im Mittelpunkt des Interesses. — Ein Mann wie Fontane hatte in einer seiner Theaterkritiken anläßlich einer Aufführung des ‚König Ödipus' bereits im Jahre' 1873 dagegen protestiert. —

Die Gegenbewegung gegen diese das Wesen des Tragischen innerlich auflösende psychologisierende Betrachtung setzte in der Wissenschaft während und nach dem ersten Weltkrieg ein. Hier war es das auch heute noch bedeutende Sophokles-Buch des im ersten Weltkrieg gefallenen Sohnes von Ulrich v. Wilamowitz-Moellendorff: Tycho v. Wilamowitz-Moellendorff, das zunächst wieder auf den Dramatiker Sophokles verwies und, über das Ziel hinausschießend, doch im ganzen zutreffend, die dominierende Bedeutung der Handlung vor der Charakterdarstellung vertrat" (WdF 525).

Gleichzeitig wird aber auch die Forderung nach der Rezeption griechischer Tragödien auf der modernen Bühne akzentuiert:

„Das, was die Geschichte der Aufnahme und Wiedergabe der griechischen Tragödie auf unserer modernen Bühne uns im Grunde zeigt, ist nicht nur die Geschichte der Bühnenmittel und des Bühnenstils, nicht nur die Geschichte der Gesellschaftsformen, die in der Gestalt des Publikums die Bühne tragen. Dies alles spielt mit hinein und spielt zusammen. Das Entscheidende aber, worum es im Grunde bei der Rezeption der griechischen Tragiker auf der modernen Bühne geht, ist ein Stück Religionsgeschichte, wenn ich so sagen darf, oder mindestens ein Stück Geschichte des religiösen Sinns" (WdF 517).

Aus der Sicht des Regisseurs ergeben sich andere Probleme, die sich zum Teil mit dem Philologischen berühren.

R. Bayr hat in seinem Theaterbuch „Der delphische Apollon" Möglichkeiten und vor allem Grenzen der Theaterarbeit bei der Aufführung antiker Stücke aufgezeigt. Der Verfasser hat selbst den Bühnentext für eine Aufführung des „König Ödipus" zusammen mit „Ödipus auf Kolonos" bearbeitet (Aufführung einer ersten Fassung des zweiten Stückes im Burgtheater Wien 1952).

Wir stellen die wichtigsten Gesichtspunkte, die für einen Regisseur relevant sind, zusammen. Nach Bayrs Auffassung muß er gleichsam bei einem Nullpunkt anfangen:

— Die reelle Theaterchance hängt ab von Ort und Zeit.

— Die wissenschaftliche Deutung paßt kaum ohne Rest in ein Regiekonzept und ist selten in theatralische Aktion umsetzbar.

— Das griechische Theater bietet in jeder Hinsicht ein Trümmerfeld: Der griechische Vers ist dem deutschen nicht verwandt, die Musik verloren, ebenso Masken und Gewänder; die Bühnenhäuser sind nur noch Gruben und Gräben, selbst das Zuschauerrund liegt zum Teil in verwittertem Zustand da. Nicht zuletzt spielt das Licht eine Rolle, „attisches" Licht ist nicht auf die Bühne zu bringen. Max Reinhardt hat 1913 in Berlin den „König Ödipus" im Zirkus Schumann aufgeführt.

— Die altgriechische Literatursprache kann selbst durch die beste Übersetzung nicht wiedergewonnen werden.

— Dem griechischen Zuschauer waren Inhalt und Handlung der Tragödie vertraut. Ihn interessierte die neue Fassung der alten Geschichten. Die Ereignisse und Gestalten der Bühne waren vom Mythos beglaubigt; an seine Stelle tritt für den heutigen Theaterbesucher die literarische Tradition. Hierin liegt ein wesentlicher Unterschied.

— Die religiösen, gesellschaftlichen und räumlichen Bedingungen, unter denen die griechische Tragödie sich entwickelte und szenisch realisiert wurde, müssen berücksichtigt werden. Inbesondere die Gestaltung und Choreographie des Chores verlangt ein gut durchdachtes Regiekonzept.

3. Aufführungen (Dokumentation)

Im folgenden legen wir eine Auswahl von kritischen Stimmen zu Antigoneaufführungen aus jüngerer Zeit vor:

a) 1965, Wiesbaden, Kleines Haus, inszeniert von Hansgünter Heyme;

b) 1969, Kassel, Staatstheater, inszeniert von Kai Braak;

c) 1978, Frankfurt, Schauspiel, inszeniert von Christof Nel;

d) 1978, Bremen und Berlin, inszeniert von Ernst Wendt und Niels-Peter Rudolph.

a) Sophokles in der Zwangsjacke. Hansgünter Heyme inszeniert „Antigone" in Wiesbaden

Metallfolien, glitzernd, verzerrt reflektierend, neutralisieren den Raum, machen seine Wände diffus, über ihnen wird Bühnengebälk sichtbar. Hansgünter Heyme, unter dessen Regie jetzt in Wiesbaden erstmals Wolfgang Schadewaldts Neuübertragung der „Antigone" realisiert wurde, verdeutlicht mit dieser — von Frank

Schultes errichteten — „Dekoration" zweierlei: daß dieses rund 2400 Jahre alte Drama an keine Zeit und keinen historischen Ort gebunden ist und daß er ihm nichts anderes als Theaterwirklichkeit zu geben gedenkt.

Der junge Regisseur Heyme, der vor allem mit seiner Wiesbadener Inszenierung des „Marat" von Peter Weiss Ruhm erwarb, liebt Überraschungen. Man hätte von ihm erwarten können, daß er auch mit der „Antigone" wildes, stürmisch bewegtes Theater entfesselt. Aber es kommt anders. Minutenlang stehen die Darsteller starr auf der leeren Bühne. Genau berechnet sind die wenigen Schritte, die seltenen, zu Ausdrucks-chiffren stilisierten Gesten.

Die Darsteller werden so postiert, daß ihre Körper den Raum gliedern; die Diago-nale herrscht vor. Auch während der Mund sich beim Sprechen bewegt, bleiben die Gesichter maskenhaft, spiegeln nicht die Erregung, die der Text verrät. Uniform sind die Akteure gekleidet: In dunkelgraue, knöchellange, hemdartige Gewänder und glatte Hauben, deren Gestalt als etwa zwischen Helm und Bademütze liegend be-schrieben werden kann. Alle gehen, nicht ganz mühelos, auf dem Kothurn; die elf Mitglieder des Chors — exakt gedrillt von Roland Sonder-Mahnken — sind in graues Weiß gehüllt. Halbmasken verdecken die obere Gesichtshälfte.

Der Entindividualisierung, die sich verschiedener Mittel des alten griechischen Theaters bedient, entspricht Heymes präzise Sprachregie. In die äußere Starre der Aufführung dringt belebend die Variation von Tempo, Rhythmus, Lautstärke, Höhe, Klangfarbe und Pausen der Sprache, die jedoch zugleich objektiviert wird; jeder Rolle entspricht eine Tonlage, ein Duktus des Sprechens, der variiert, aber nicht durchbrochen wird. So verklammert etwa als Antigone Anke Tegtmeyer, eine sehr konzentrierte Sprecherin, die auch genau zwischen Klage- und Anklageschrei unter-scheidet, die Töne zarter Empfindsamkeit und fast brutaler Härte, die ihr gestattet sind. Alfred Mendler, der Kreon, ein Trumm von einem Mann, grob und polternd, beherrscht die tiefen Regionen, während dem Haimon Wolfgang Hinzes ein milder Tenor zudiktiert ist.

Heyme hat einen interessanten, schließlich aber auch ermüdenden Versuch unter-nommen: die Tragödie des Sophokles auf ihre sprachlich-geistige Spannung zu reduzieren, so daß die humane und gottesfürchtige Lehre des Stücks nicht durch individualistischen Bewegungszauber gestört wird. Der Chor ist überzeugender, als es gewöhnlich gelingt, in den Ablauf des Dramas eingegliedert, Heymes Strenge scheint geradezu aus einer Ableitung der für den Chor gültigen Prinzipien auf die Darsteller zu entspringen.

Aber bei alledem ist doch nur mühsam zu ahnen, welch großer — innere und äußere Bewegung fordernder — Dramatiker Sophokles ist. Weder die „Antigone" noch die auf Realität, nicht auf „Überhöhung" zielende deutsche Fassung Wolfgang Schade-waldts fordern zu einem solchen Verfahren heraus. Sophokles — gerade das macht die Übertragung deutlich — hat jeder Rolle genau schildernde, erfaß- und darstell-bare Charakterzüge mitgegeben, er hat vor allem die Antigone mit einer ungeheuer leidensfähigen Seele ausgestattet. In Wiesbaden aber wird nicht gelitten, Leiden wird demonstriert. Von Mitleid und Katharsis, Reinigung, beim Zuschauer kann nicht die Rede sein. Heyme hat, im Streben nach einer übergreifenden Form, forma-lisiert, Sophokles ist in eine Zwangsjacke geraten.

(Rainer Hartmann in: Frankfurter Neue Presse vom 24. 9. 1965)

b) Jeder ist Kreon, jeder Antigone

„Ungeheuer ist viel. Doch nichts ungeheurer als der Mensch." Dieses berühmte Zitat sind zwei Chorverse aus Hölderlins Nachdichtung der „Antigone" des Sophokles. Bei Claus Bremer lauten dieselben Zeilen: „Alles hat Möglichkeiten. Nichts hat mehr Möglichkeiten als der Mensch." Ein Verlust an Poesie, sicherlich. Vergleicht man aber weiter, dann wird in Bremers gekürzter Chorfassung das Problem des Stückes klarer. Hölderlin sagt über den Menschen: „Die Gesetze kränkt er, der Erd' und Naturgewaltger beschworenes Gewissen." Bremer: „Er kann der Gemeinschaft nützen und schaden. Er kann sich an die ewigen Gesetze halten und gegen die ewigen Gesetze verstoßen."

Ewige Gesetze — gibt es sie? Wenn ja — worin bestehen sie? Die erste Frage war der Anlaß für ein ungewöhnliches Unternehmen des Kasseler Staatstheaters: Es spielte zweimal an einem Abend dasselbe Stück, einmal nach Hölderlin, dann in der Neufassung, die Bremer „in Zusammenarbeit mit Rolf Beck und Gottfried Greiffenhagen" geschrieben hat. Die zweite Frage konnte jeder Zuschauer nur für sich selber beantworten.

Sophokles glaubte an die ewigen Gesetze, seien das nun Gebote der Götter oder das auch über diesen waltende Schicksal. Deshalb war Tragödie möglich. Antigone und Kreon sind darin gleichwertig als dramatische Figuren. Das Mädchen stirbt als Opfer staatlicher Ordnung, der Herrscher wird bestraft als „Gottesversucher". Die Handlung endet religiös: „Du mußt dich nach den Gesetzen richten, die ewig sind. Du wirst maßlos gestraft, wenn die maßlos bist" (Bremer).

Bei der Kasseler Gegenüberstellung von zwei Texten ging es nicht um einen literarischen oder philosophischen Vergleich — die Tragödie selber stand zur Diskussion. Hölderlin glaubte wie Sophokles. An seinem konsequenten Versuch, das hellenische Ideal in veränderter Gegenwart neu aufzurichten und diese ihm anzuverwandeln, zerbrach schließlich Hölderlins Geist. Bietet das klassische Muster einer Auseinandersetzung des Individuums mit Staat und Religion, die „Antigone" des Sophokles, eine Möglichkeit, das Beispiel so neu zu durchdenken, daß man zu anderen Ergebnissen gelangt?

Diese Frage lag der „freien Realisierung des Textes" durch fünf Schauspieler und drei Schauspielerinnen unter der Regie von Kai Braak zugrunde. Daß keiner auf eine bestimmte Rolle festgelegt war, daß Ismene zuweilen den Text der Antigone sprach, daß Kreon-Sätze von mehreren, sogar von einer Frau, übernommen wurden, daß „alle acht zu Antigone und alle acht zu Kreon werden" — das Spiel als Gruppenspiel wollte die Allgemeinverbindlichkeit der Problematik demonstrieren. Bremers Übersetzung enthält für solche Auflösung des Textgefüges nur den Hinweis, daß Chorzeilen untereinander austauschbar seien, bleibt im übrigen aber rollengebunden. Die „nichtautoritäre Arbeitsweise" der Kasseler Spielgruppe basierte im wesentlichen auf dem Einfallsreichtum Kai Braaks, der das *Living Theatre* ebenso mit Nutzen studiert hat wie Handkes Sprechstücke. Die Spiellust und die Experimentierfreude der Gruppe übertrugen sich als ansteckendes Theatererlebnis auf die Zuschauer, obwohl ohne Kostüme, ohne Bühnenbild vor dem eisernen Vorhang und auf dem halb angehobenen Orchesterdeckel „realisiert" wurde.

Bei aller Variationsbreite der Argumentation ließ sich die vorgezeichnete Tragödie nicht umgehen. Braaks Versuch blieb komödiantisches Satyrspiel, das durchschaubar wurde dank der vorher aufgeführten Hölderlin-Fassung. Diese war mit einem anderen Ensembleteil von Ulrich Brecht — man darf hier einmal sagen: — meisterlich inszeniert worden.

In einfacher, klarer, doch distanzierender Szenik von Almir Mavignier interpretierte Brecht aus dem Geist der Sprache. Dank einer choreographisch bestimmten Bewegungsregie wurden auch dunkle Sätze erhellt. Irene Marhold wirkte mitreißend als Antigone, dem Kreon von Ernst Dietz gelang das Herrscherliche überzeugender als die Tragik.

Nachdem Ulrich Brecht die unvergessene Darmstädter „Antigone" seines Lehrers G. R. Sellner von 1957 eigenwertig weiterentwickelt hat, ergibt sich (für mich) als Resümee: Je archaischer Sophokles dargestellt wird, desto lebendiger spricht das Beispiel aus anderer Zeit zur Gegenwart. Höhepunkt aus den letzten Jahren: Benno Bessons „Ödipus Tyrann" im Ostberliner Deutschen Theater.

(Johannes Jacobi in: Die Zeit vom 21. 2. 1969)

c) Nels „Antigone"-Inszenierung: Kreon in der Karnevalsgesellschaft

„Deutschland im Herbst" hieß ein trauriges Film-Quodlibet, in dem mehrere bekannte deutsche Regisseure ein Stimmungsbild der Republik kurz nach der Ermordung Hanns-Martin Schleyers zu geben versuchten. Auch eine Satire (von Böll) war dabei: Ein Rundfunkrat beschäftigt sich in quälender Sitzung mit der Abnahme einer Fernsehaufzeichnung der „Antigone" des Sophokles. Man glaubt, dem Publikum in dieser Zeit die Auseinandersetzung mit dem zweieinhalbtausendjährigen Dialog zwischen zwei extremen Vertretern sich widersprechender göttlicher Rechte nicht so ohne weiteres zumuten zu können. „Nicht mitzuhassen, mitzulieben bin ich da" — das schien damals manchen eine gefährliche Parole. Immerhin: drei Terroristen, die sich im Gefängnis umbrachten, durften schließlich doch auf einem Stuttgarter Friedhof ordentlich bestattet werden; sie wurden nicht den Vögeln und Hunden zum Fraß vorgeworfen wie Polyneikes, der Bruder der Antigone.

Deutschland, einen Herbst danach, ist dabei, ein wenig nachzudenken, wieder einmal das zu leisten, was so schrecklich treffend „Trauerarbeit" genannt wird. Und die Theater fehlen nicht. Mißtrauisch müsse man werden, schreibt der Dramaturg Urs Troller in seinem 178 Seiten starken Programm-„Heft" zur . . . Frankfurter Aufführung, wenn jetzt allerorten empfohlen werde, „Antigone" sei das Stück der Stunde. „Von der Satire bis zum Lehrstück wird der Text eingepaßt in die sogenannte aktuelle Situation. Sicher, der Text ruft die Assoziationen hervor, aber so, wie er sie hervorruft, so verschließt er sich auch wieder gegen sie."

Eine richtige Erkenntnis. Der Regisseur Christof Nel versucht, nach ihr zu handeln. Er holt die Figuren aus dem griechischen Mythos ärgerlich hautnah in unsere Gegenwart herauf, vermeidet aber, sie in der platten Wirklichkeit des Tages zu verschleißen. Die Strapaze ist schon so groß genug. Kreon und Antigone, am Anfang noch nah bei den Göttern und weit weg von der zivilisierten Menschheit, werden in einem mühsamen Prozeß der vernünftigen Selbstfindung, die im humanitären Spiegelbild ein Selbstverlust ist, zu unseren Zeitgenossen. Kreon gelingt dieser furchtbare Wandel durch Anpassung, Antigone wird mit Gewalt ins Kostüm des Jahrhunderts gesteckt. Beide finden ihr Grab in der modernen Gesellschaft.

Die Hölle sind die anderen. „Des Vaterlandes Bürger", früher einmal ein Chor von thebanischen Alten, kommen gerade von einer Karnevalsfeier. Einer hat ein Blasinstrument dabei, zwei andere rekapitulieren ohne Unterlaß die schlüpfrigen Witze aus der Bütt, ein Rocker vertreibt unsichtbare Gespenster durch wilde Schläge in der Luft, eine Dame gibt sich lasziv, und ein Gemütsmensch in kurzen Hosen hört aus dem Kofferradio ein Hauptthema des Stücks ab: „Ti amo". Das hat nun wenig mit der von Antigone verkörperten Philia zu tun, und die Menschen der Karnevalsgesellschaft halten sich zunächst auch streng aus dem Text von Sophokles heraus. Hart sind die Szenen im Wechsel aneinandergeschnitten, mal Kreon, mal Tünnes und Schäl. Man blickt in ein ausgetüfteltes Kaleidoskop der banalen Konfrontation von Tragödie und rheinischer Fröhlichkeit, empört sich vielleicht darüber, daß das, was man sich sonst so sorgfältig trennt, hier unverschämterweise zusammenkommt, aber beruhigt sich endlich bei dem Gedanken: So ist das Leben. Nicht mehr.

Dann kommt die Pause — und viele von denen, die die Ankündigung nicht gelesen haben, gehen. „Nach Sophokles/Hölderlin" steht da, wobei das „nach" in mindestens drei Bedeutungen voll gerechtfertigt ist. Im zweiten Teil aber passiert der Abend. Kreon, am Anfang so eine Art griechischer Neandertaler, ist jetzt gekämmt und geht aufrecht, Antigone schickt sich an, in Würde zu sterben. Jetzt ist für den Regisseur der Zeitpunkt gekommen, seine beiden, nebeneinander herlaufenden Handlungsstränge, den Sophokles und den Nel, zu verbinden.

Der erste Zusammenprall, wie zu erwarten, mißlingt. Antigone schreit ihr Leid in die Welt, der Chor antwortet mit den alten dummen Witzen: hier ist die Inszenierung auf der untersten Stufe angekommen, die Frankfurter Idee zeigt ihr einfältigstes Gesicht. Freilich wird von da an endlich auch klar, worauf die ganze Anstrengung hinaus will: auf das Vereinnahmen der Menschen Kreon und Antigone und der mit ihnen verbundenen Gedanken von Recht und Freiheit durch eine Gesellschaft, der der Tanz auf dem Vulkan zur wichtigsten Überlebensbeschäftigung geworden ist. Nel gelingen jetzt beklemmende Bilder der „Einkleidung" und Selbstentäußerung, bis Kreon schließlich — als Narr unter Narren — mit den anderen Höllengeistern des Karnevalvereins auf der Bank sitzt. „Was aber tun in dem, was da ist?" Die Worte des Boten, hier von Kreon gesprochen, sind die letzten des langen Abends. Die Frankfurter „Antigone" endet ratlos, in Gott- und Menschenverlassenheit.

Sophokles und Hölderlin als Steinbruch. Nel verwendete die alte Tragödie nur brockenweise, löste das Chorproblem drastisch und stellte Gleichungen her, die nicht immer ganz aufgehen. „Philologische Interessen konnten nicht bedient werden", bemerkte schon Brecht zu seinem „Antigone-Modell 1948". Das Frankfurter Modell 1978 geht in seinen Veränderungen nicht soweit wie Brecht — und bringt doch weiter, weil es die Zeitbezüge allgemeiner hält. Vielleicht hätte man den Titel ändern sollen, um Mißverständnissen vorzubeugen. Vielleicht aber auch nicht, um die Konfrontation mit einem Stoff zu ermöglichen, den viele Karnevalisten zu kennen glauben — als Tragödie aus dem Jahre 442 vor Christus.

Katharsis nicht durch Furcht und Mitleid, sondern möglicherweise durch Empörung. Die Frankfurter Inszenierung tut viel, um das Publikum zu provozieren, teils bewußt, teils aus Schlamperei. Die Hölderlin-Verse, zu denen man sich nun mal — vom „Gemeinsamschwesterlichen" an — entschlossen hat, erfahren eigentlich nur durch den Mund der Antigone (Rotraut de Neve) eine ihnen entsprechende Vermittlung; ihr Leidenspartner Kreon (Alexander Wagner) hat seinen ei-ge-nen Nu-schel-rhyth-mus von Sil-be zu Sil-be, und der Chor erzählt sowieso fast ausschließlich Witze, die

84

weder von Sophokles noch von Hölderlin sind, oder er liest — in Gestalt von Eurydike (Claire Kaiser) — die berühmtesten Passagen („Ungeheuer ist viel") aus dem Textbuch vor.

Für schauspielerische Entfaltung bleibt im übrigen wenig Raum, denn Erich Wonder läßt in seiner schwarzen Schachtel, in die er Nels geschlossene Gesellschaft aus drei Jahrtausenden einsperrte, selten Licht werden. Eine Leuchtschranke, die vornehmlich das Publikum blendet, ein Schreibtischlämpchen auf dem Schaumgummifußboden und ein matt schimmernder Kasten in der Höhe, wo die Götter wohnen, lassen es nur selten so hell werden, daß man sieht, was man zu hören glaubt.

Trotz allem letztlich ein einleuchtender Abend, dem das Premierenpublikum, nach anfänglichen Protesten, den verdienten Beifall zollte. Vorsorglich hat die Direktion nach der . . . zweiten Vorstellung eine Diskussion angesetzt. Auch die berühmt-berüchtigte „Medea", die Hans Neuenfels vor zwei Jahren in diesem Hause inszenierte, kam schließlich über solche Nachveranstaltungen zum Erfolg. Und jetzt hat das Reden noch einen besonderen Sinn. Denn wie der Untertitel der Inszenierung, ein Wort des entfremdeten Chaos aufgreifend, verkündet: „Das allzu große Schweigen scheint bei vergebnem Schreien mir bedeutend."

(Siegfried Diehl in: Frankfurter Allgemeine Zeitung vom 6. 11. 1978)

d) Auf der Suche nach Antigone.
Wie Wendt in Bremen und Rudolph in Berlin auf verschiedene Weise die Tragödie des Sophokles verfehlten.

Von dem alten Stück des Sophokles muß eine machtvolle Suggestion auf die jüngeren Regisseure ausgegangen sein. Denn wann und wo haben sich sonst so viele — erst Valentin Jeker (in Stuttgart), dann Christof Nel (in Frankfurt), nun Ernst Wendt (in Bremen) und Niels-Peter Rudolph (in Berlin) in so kurzer Zeitspanne je um dasselbe Stück bemüht, mit solchem Eifer, so miteinander konkurrierender Ambition und — was Nel und Rudolph betrifft — auch im engsten Austausch? Das lange nicht mehr „gesehene" Stück wurde da wohl auszubreiten versucht als ein Netz, in dem unser Augenblick sich finge: „Theben in Deutschland", als drücke sich ein altes Muster von Widerstand und Vergeltung durch die Zeit vor unsere Augen.

Spiegelte die alte Fabel nicht den Widerspruch, den Aufstand gegen das Gesetz, die Rebellion gegen das Ordnungsinteresse des Staates, den einige Jüngere versucht hatten?

Wer Dramen inszeniert, kann nicht auf Gleichsetzung der Vorfälle und Personen bedacht sein (Antigone = Gudrun Ensslin), höchstens auf die reichen Felder der Assoziation, in denen auch der kraftvolle Herrscher des Stadtstaates (Kreon) für Abstrakteres, wie die Strenge des Gesetzes, den Ordnungswillen der Verantwortlichen stehen kann. — Wir müssen nicht auf die Antigone-Sequenz in dem Film „Deutschland im Herbst" verweisen, um den mühsam herbeigezogenen Kontakt des alten Stoffes zur Gegenwartsszene zu benennen; daß alle vier Regisseure sich den schwierigen Hölderlin-Text als und zur Übersetzung wählten, ist genug Verweis auf das aktive Bezugsfeld, in dem Hölderlin so fast nur noch als Jakobiner gefeiert wird und seines Hyperion Klagreden über Deutschland gar zum Gegenstand der beeindruckendsten Vision von unserem Hausen im alten Unheimlichen auf dem alten Kampfplatz Olympiastadion Berlin (Grüber: „Winterreise") gemacht worden sind.

Wo immer wir nun „Antigone" sahen, war das alte Drama nicht gepackt von der Dynamik eines Konflikts von Recht und Recht, von Menschen- und Staatsdenken, sondern aus der Sympathie mit der untergehenden Frau, die ihrem toten Bruder Polyneikes zur Bestattung verhelfen wollte, um die Leiche vor dem Fraß der Geier zu bewahren, wie das der Herrscher der Stadt, ein Ordner im Namen des vaterländischen, aber rachsüchtigen Eifers, über den Empörer verhängte. Jede dieser Inszenierungen trug noch Spuren der Aggression gegen die Mächtigen und die, die ihn stützten.

Kreon in Bremen und in Berlin

Christof Nel hatte Kreon zu einem schwarzen, rauhstimmigen Landsknecht gemacht (Alexander Wagner); er hatte den Chor des Volkes — gegen allen Respekt vor dem Text und dem Bau des Dramas — in eine besudelte, sich mit Zoten besudelnde, karnevalistische Gesellschaft verändert, die, obgleich in einen schlimmen Konflikt verflochten, von ihm doch nichts wahrnahm. Man sah einen bewußtlosen Menschenhaufen, dem aufgeputzten Flittchen Ismene nicht unähnlich, der gedacht war als Spiegelbild derer im Parkett. Auf sie warf der zwischen den Szenen an der Rampe hin und her schwenkende große Pendelstab immer ein gleißendes, blendendes Licht. Hinter diesen direkten, vorgeschobenen Aggressionen suchen wir noch heute das Stück, das der Regisseur zu inszenieren vorgab, denn es ist uns vom Geschehen selbst kaum mehr in Erinnerung als der quälende Kampf, den Nels Antigone, Rotraut de Neve, mit den Ballungen und der Steigerung der Hölderlinschen Sätze führen mußte — ohne doch irgendeine höhere Dimension ihres Konflikts zu erreichen.

Wendt hat in seiner Bremer Inszenierung den Herrscher der Stadt — als führe er den „Schwellfuß" (Ödipus) des Benno Besson weiter in die nächste Generation — als einen glatzköpfigen, bebrillten, bis an den Rand des vierten Aktes feixenden Zyniker dargestellt, einen feisten Mann im Leinenkittel, den nachher der heulende Jammer mit Rotz und Tränen ankommt, bevor er sich elend und mühsam in seinen wiederaufgestellten Thron zurückzieht. Norbert Schwientek spielt ihn im lustiggiftigen Hin und Her, als sei es ein Bruder des Dorfrichters Adam, der hier in eine ungewollte Heimsuchung stürzt.

Und in Berlin schließlich Thomas Holtzmann als Kreon: der langaufgeschossene, dürre breitschultrige Mann mit dem Adlergesicht ist in der Berliner Inszenierung ein alt und neurasthenisch gewordener Hüne, ein schwarzer, an den ausgehöhlten und schlabbrig gewordenen Existenzialismus erinnernder Einsamer, ein Kerl, der sich nervös ein purpurfarbenes Tuch, als fröre er, um die Beine legt. Ein Mann, der noch die wärmende Berührung der Antigone sucht und sie doch verstößt; — er ist kühl und deutlich bloßgestellt.

Das sind die letzten Spuren einer politisch interpretierbaren Intention in diesen drei Inszenierungen, wenn es sie wirklich gab. Wenn es sie gab, ist sie bei Wendt wie bei Rudolf während der Arbeit weggesickert. Und wohin? In die Schlußbilder vom Ruin jener Staatsmacht, die so gegen die Gebote der Menschlichkeit verstieß?

Das wäre möglich. Denn Wendt wie Rudolph haben für die Schlußszenen (Kreons Untergang) nach starken Bildern gesucht. Wendt, indem er Schwientek nach den unheilverkündenden Sätzen des Teiresias in eine gräßliche Figuration der Angst hineintreibt: Schwientek klebt sich an die großen Plexiglasscheiben, die manchmal wie Spiegel, mehr noch wie die durchsichtigen Zellen der Gefangenschaft in der Szene stehen; er drückt Gesicht und Hände an die Glasfläche, bis sich seine Gestalt deformiert. Da träumt ein Regisseur vom großen Schreckbild und will das Innere eines wohlgemuten Zynikers nun als schlotternde, deformierende Angst nach außen kehren. Aber so wie Schwientek da hängt, im grünen Wams, wirkt er nur komisch: wie ein Laubfrosch an der Glaswand, den man von unten sieht. Das Hauptbild stürzt im Moment seiner Entwicklung schon ins Lächerliche, und Schwientek hat Mühe, nach diesem kommandierten, aber desaströsen Bravourstück des Regisseurs noch etwas von der menschlichen Erschütterung zu erwecken, die ihm der Selbstmord seines Sohnes verursacht, wenn er mit Hämons Dolch und Jacke zurückkehrt und wie ein tödlich Verwundeter auf seinen Thron zurücktaumelt.

Auch Rudolph sucht in Berlin für Kreon nach einem wirksamen Bild menschlicher Zerstörung. Wie ein einsamer Bösewicht sitzt Holtzmann auf dem Kapitell einer Säule, als Teiresias (Bernhard Minetti) auf ihn einspricht. Die mühsam gestützte Säule fällt, wenig später kriecht dieser lange, den Inbegriff des „Stehens" ausdrückende Mann auf allen Vieren in die Szene, den im Tuch verschnürten toten Sohn Hämon auf dem Rücken. Ein Bild der Zerstörung? Es ist auch hier nur eine Zumutung des Regisseurs, der sein Zeichen für die Zerschmetterung sucht, weil er der Unmittelbarkeit des Schauspielers nicht mehr vertraut, sondern „übersetzen" muß. Hier wie anderswo in der Inszenierung. Dieses „Gesuchte" in den szenischen Arrangements bewirkt, daß gerade an diesen Stellen keine Betroffenheit mehr aufkommt, daß man den Regieeinfall mehr wahrnimmt als das, was in der Psyche der Personen passiert. Dadurch wird auch hier das politische Moment, das doch den Zusammenhang von inhumaner Entscheidung und Staatsruin darstellen müßte, um alle Kraft gebracht. Wir sehen an beiden Inszenierungen, wie sich ein ursprünglich reger Ausdruckswille ins pure Artifizielle verliert. Beide haben keine Kraft, weder zur interpretatorischen Eindringlichkeit noch zur politischen Provokation.

Das kann etwas sagen über die endgültige Schwächung der politisch-kritischen Argumentationskraft des Theaters, gerade weil „Antigone" als zentraler Stoff dafür in Anspruch genommen werden sollte. Aber schon selbst das kann man nach diesen Ergebnissen nicht mehr ganz unterstellen. Wenigstens nicht mehr bei Wendt und Rudolph (wohl bei Jeker, vielleicht noch bei Nel). Diese Inszenierungen driften weg von ihrem Anlaß.

Wendts Bremer Version: zermanschte Substanz

Die Aufführungen in Bremen und Hamburg stehen für beide Regisseure aber auch in einem anderen Zusammenhang. Sowohl für Rudolph wie für Wendt schließt sich „Antigone" als zweites Stück an frühere Ödipus-Inszenierungen an. Bei Wendt ist der Kontakt deutlich zu sehen. Sein Bühnenbildner Johannes Schütz hat Wendts Münchener „Ödipus"-Bühne in Bremen nur variiert. Rechts, nun verdeckter, sind wieder Teile von Pfeilern sichtbar, durch die Licht fällt, davor wieder ein Graben mit Stühlen, als wären hier Ausgräber am Werk. In der Mitte ein Steinweg, der nach oben führt; hinten eine hohe Rampe mit einem Thronstuhl darauf. Links vom Weg ein Arrangement mit vier Plexiglaswänden, hinter denen Figuren (Antigone, Kreon) sichtbar entrückt werden. (Im „Ödipus" stand da eine Palastandeutung mit dem „Sprungbrett".) Die „Antigone"-Szene ist klarer, weniger modernistisch als die des „Ödipus". Wendt versucht auch die Szenenblöcke nun deutlicher voneinander abzusetzen, aber er kommt doch zu keinerlei ergründbaren Positionen und Kompositionen. Eins wird ans andere gehängt. Er beginnt mit einem schnellen Lauf der jungen Mädchen Antigone und Ismene aus dem Dunkel nach vorne, einer unverständlichen Katzbalgerei der beiden, dann stellt er, solch hektisches Spiel plötzlich aufgebend, die Atemlosen vor die Glaswand und läßt unvermittelt Hölderlins Text beginnen, der einen so strengen statischen Sprechgestus hat („Gemeinsamschwesterliches"), daß dieser dem bisherigen Bewegungsablauf konträr ist. Die Mädchen quälen sich entsprechend mit den Hölderlinschen Texten. Martina Krauel (Antigone), die geübter und versierter ist als Ester Hausmann (Ismene), stößt mit dem Körper ihre Betonungen nach (... mit rechtem Recht). Man sieht zwei junge Gören in ihrer hilflosen Armut, gleichwohl in mächtigem Text: ein rührendes Bild.

Aber was steht da vom Text her zur Debatte? Martina Krauel kann die Verse nicht auf die Sache hin entfalten. In ihrer plärrenden Konfrontation mit Kreon wird nicht mehr sichtbar als ein Trotzköpfchen, das seine Glieder nicht mehr beherrscht. Daß da eine an Traditionen gebundene Frau spricht, die auf das Gesetz der Totenwelt, das ehrwürdig zu achtende, pocht, daß hinter ihr ein altes Recht steht: von dieser alten Herausforderung an Kreon kann diese Göre Antigone nichts spüren lassen. Als sie sich von der weicheren Ismene scheidet (II, 2), wird das Schicksalhafte, der Entschluß, allein zu bleiben, ans Weinerliche verraten. Je höher die Belastung dieser Antigone durch die Situation wird, um so mehr greift Martina Krauel zu ihren allzeit paraten Mitteln der Hysterie („daß ich ins unerhörte Grab muß"). Im folgenden Todesjammer (III, 3) sehen wir statt Antigone eine Heidi, die in eine Tragödie geraten ist. Die Inszenierung verrutscht ins Larmoyante, ins Rührstück aus, weil Wendt die Personen des Konflikts nicht gegeneinander in ihren religiösen wie ihren politischen Bindungen und Positionen definiert. Man sieht schließlich auf der Bühne eine Paraphrase zu „Die Reine und das Biest". Auch Kreon wird nur als Charaktertype vorgeführt, flächig, verwischt, Hauptfigur in einer grotesken Welt, in der Kinder so verloren gehen, wie sie in dieser Inszenierung unversehens verloren gehen. Wenn dieser Halbclown Kreon dann in den Würgegriff des als schwarzer Tod dargestellten Teiresias gerät (Peter Franke, mit durchdringender Energie), heißt das Stück nur noch: Kreon. Ein mieser Kerl endet, von dessen Einsicht in das Unrecht seines Rechts („Ich habs gelernt in Furcht") kein Schaudern mehr ausgeht.

Hätte Wendt nicht in Wolf Redl einen vorzüglichen Sprecher aller Chortexte, fehlte der Inszenierung jede höhere Spannung. Wolf Redl erreicht mit der Gliederung seiner Sätze, ihrer Tonführung immer noch die zweite Dimension, die die inszenierte Dürftigkeit dann unter einen weiten Himmel rückt. Christian Redl, der den Boten spielt, der die bei der Bestattung ihres Bruders erwischte Antigone auf seinem Rücken hereinschleppt, hat Momente jener plastischen raumbildenden Kraft, die die Inszenierung insgesamt brauchte. Die Redls sind starke Körper-Spieler, ihre Auftritte schaffen Raum. Aber Wendt ist kein Raum-Regisseur, eher ein Geschiebe-Regisseur, dann auch: ein Fummler. Er wirkt, weil alles den Anschein hat, es sei durchdacht (dabei ist es nur anders). Aber wieviel bleibt hier leer: von der Eurydike der Marlen Diekhoff bis zu den Angstläufen der Antigone: Bewegung ohne Kraft und Bedeutung. Wendt arbeitet anscheinend „interessant", aber er zermanscht die Substanz der Stücke. Der Umschlag des beschriebenen, mit Stolz vorgewiesenen Angstbildes von Kreon in die Laubfroschassoziation ist der deutlichste Hinweis, wie die Erfindungen ablenken, wie x-beliebig sie sind.

Zwischen Niels-Peter Rudolphs „Ödipus" (in Basel) und seiner Antigone-Inszenierung liegt ein viel größerer Schritt als zwischen den Wendtschen Regiearbeiten. Den

„Ödipus" suchte Rudolph dadurch zu gewinnen, daß er das hohe Königsdrama auf eine dreckige, aber schreckliche Dorfgeschichte herunterbrachte (was historisch wohl in ihm steckt). „Antigone" ist dagegen ein vehementer Versuch, ins Theaterschöne zu gelangen. Die Inszenierung hat — nach Rudolphs Botho-Strauß-Inszenierungen — nun eine große Kunstgebärde, die Susanne Raschig in Bühnenbild und Kostüm von Station zu Station bedient und fördert. Ein Lichtkastendreieck suggeriert eine scharf vorspringende Festungsbastion, den Horizont begrenzt eine lichtdurchlässige Lamellenjalousie, vor der man „Truppen" als Schatten sieht. Holtzmanns Kreon ist eine Herrenfigur, wenn auch angeknackst, doch ein Mann mit Geschichte. Rudolph gliedert Raum und Situation und gibt so auch eine konkrete Machtbestimmung. Darin ist er nicht nur weiter als Wendt, er sucht auch nach der „großen Form". Seine Antigone — Hildegard Schmahl — hat, wo immer sie frontale Auftritte hat, Züge von Härte und Entschiedenheit, auch chronische Kraft; ihr Gesicht kann sich verunklaren, verschleiern, als gehöre sie dunkleren Bezirken zu (deren Recht sie in sich gegen die Staatsräson vertritt). Sie versucht aber, als seien Person und Mittel zu schwach, diese Wirkungen durch Zerdehnen der Worte zu erhöhen; sie gerät damit sofort ins „Kunsthafte", Uneigentliche. Sie lispelt und dröhnt. Es könnte von ihr auch zu körperlichen Spannungen kommen gegen diesen Kreon, man könnte das Drama vermittels der Körper spüren, die da gegeneinander stehen — wenn Rudolph der Dynamik des Geschehens und des Textes vertraute. Er tut es so wenig wie Nel und Wendt. Auch er zerlegt von Anfang an die Rhythmen, zersetzt die Ballungen, er zerbröselt die jähen Konfrontationen, die Schmerzen, schließlich auch Elend und Katastrophe in Bilder und Zeichen.

Rudolphs Berliner Künstlichkeiten

Nur wenige davon sind offen und klären sofort die Situation. So jener Auftritt der vom Schlachtfeld zurückkehrenden Antigone, die noch Reste der Erde, die sie gegen das Verbot über den toten Polyneikes warf, aus der Hand gleiten läßt. Da sieht man, woher sie kommt, was sie tat; die Erde fällt wie die Herausforderung selbst auf die Bühne. — Andere Kompositionen sind schön in Bewegung und Seelenausdruck. So die beiden Schwestern zu Anfang: abgesondert, aufeinander bezogen sitzen sie an der Rampe. Aber schon hier zeigt sich die Ursache der Beeinträchtigung der Inszenierung: Die Mädchen sind vom Regisseur auch umgeben von einem Strick. Er soll ihre Gemeinsamkeit, ihre Vertraulichkeit ausdrücken. Der Strick wird später nie mehr verwendet. Ein blinder Einfall. Der Regisseur spricht also weniger über die Schauspieler als über das deutende Requisit. Er gibt so von Anfang an eine zweite und dritte Sprache ins Stück und füllt diese so auf, daß sie sich oft an die Stelle der Handlungssprache setzt. Er übersetzt Hölderlin ins Regie-Artistische, in Rudolphsche Könnersprache.

Dabei gibt es freilich immer wieder schöne Funde. So hüllt sich Antigone an der Stelle des Übergangs vom Stadtplatz in die Totengruft in einen Schleier aus Tüll, der wie ein Kokon um sie liegt: eine Verabschiedung, die unsere ältesten Vorstellungen vom Tode weckt. Der Chorführer muß sie noch einmal aus dem Kokon befreien. Das hat poetische Kraft. — Aber wenig später wird Antigones Gang in die Gruft wieder ausgestattet mit dem glatten Theatertrick. Sie verkriecht sich am Ende der Bühne in einen Gang, der für einen Augenblick wie eine jäh erhellte, spiegelbestückte Falle aufleuchtet. Der technische Einfall kappt durch die Überraschung das Mitgefühl mit der Verurteilten. Der Weggang kann nicht nachwirken. Oder ein anderes Beispiel:

Die verschnürte Leiche Hämons ist wie ein Monument, aber die Ausdehnung dieser Wirkung wird von Anfang an beschränkt durch Kreon, der, kriechend, zum Transportmittel der Leiche erniedrigt wird. So kommt Rudolph seinen richtigen Bildern mit falschen Schaustellungen in die Quere. Der Zug ins Große wird hier durch Kleines nicht vergrößert, sondern nur unterlaufen. —

Aber einmal gibt es eine Komposition, in der sich viel vom Kern des Stückes assoziiert. Antigone birgt die zartere Ismene, indem sie sie mit Militärmänteln zudeckt und mit einem Stein beschwert, vor Kreon. Sie nimmt damit etwas von ihrem eigenen Schicksal: der Einmauerung vorweg — an der Schwester. Kreon reißt dann alles auseinander, man sieht ihn als Retter, Täter, aber auch als Zerstörer. Der Vorgang ist nach vielen Seiten offen. — Rudolph ist in solchen Momenten weiter als alle anderen Antigone-Regisseure: er gibt seine ersten Fundstücke auf der Suche nach der für das klassische Stück wiederherzustellenden großen Form. Fundstücke aus neuer Vision, zu denen Klaus Michael Grüber (in den „Bakchen") das bis heute strahlendste Material zusammengetragen hat.

... und Rudolphs Funde

Doch Rudolph ist, mit dem Erfinden beschäftigt, nicht sicher in der Kontrolle des Erfundenen. Es hat keine eigene Magie. Weil er den großen, dramatischen Duktus des Stücks zerbröckelt, die einzelnen Sätze zerlegt (um ihre Verständlichkeit zu erhöhen aus Mißtrauen gegen die Dynamik des Verses, um mehr Seelisches freilegen zu können?), kann er sich nie auf die Handlung verlassen, sondern muß die Szene füllen.

In dem großen, aus der Werbung um Verständnis und herrscherlicher Besonnenheit sich entfaltenden dramatischen Dialog Kreons mit Hämon gibt es, nach der stürmischen Umarmung beider, diese Bildabläufe: Kreon setzt den starken Hämon (Wolfgang Pampel) auf den Stuhl, legt ihm sein Purpurtuch über die Beine, setzt sich selbst gespreizt auf dessen Knie, so andeutend, daß er dem Sohn Eigenes verstellt. Im dramatischen Prozeß nimmt Kreon, aufspringend, dem Sohn dann den Stuhl weg, die Darstellerin des Chores klopft die Wörter begleitend, das untergründige Gefühl, den lauernden Konflikt hervorlockend, rhythmisch auf den Boden, Kreon schiebt Eurydike, die Horchende, von der Szene; in der schönen, folgenden Beschwichtigung spricht Hämon das Bild vom Regenbache, dem die Bäume ausweichen und gießt dabei dem Vater ein Glas Wasser über die Hände, schließlich beißt der wütend werdende Kreon dem Sohn ins linke Bein, nach Hämons Absage an den Vater und Abgang stürzt ein schwarzer Tuchstreifen aus der Bühnenverkleidung, die Ecke leuchtet nun rot: es ist eine Bildersprache, die sich nicht aus sich selbst weiter entwickelt, die von Einfall zu Einfall springt, Sätze verdickt, verstärkt, kommentiert — aber immer aufgesetzt bleibt; erklügelte Zutat. Die größte Akrobatik mutet Rudolph dem Chor zu, den er auf eine Schauspielerin überträgt: auf Rotraut de Neve (die in Nels Frankfurter Inszenierung die Antigone spielt). Sie macht ihre Schaustellungen zu einem eigenen Kommentar zum Stück. Ihr erstes Auftreten ist ein sich Herauswühlen aus Decken, ein Erwachen in der Mitte der Bühne, jede weitere Station eine Zunahme an Bewegung, Beteiligung und — Vervollständigung der Bekleidung. Den großen Chortext („Ungeheuer ist viel ... ") spricht sie, herabhängend von ihrer Sonderbühne, die über die Spielfläche schwebt, wie eine Artistin am Trapez. Für einen Augenblick ein großer Reiz, weil sich die Suggestion eines Medusenhauptes mit ihr verbindet, dann reduziert sich schnell all ihre Ausdruckskraft auf die einer Turnerin. Sie verfriert sich stark vermummt am Ende des Geschehens vor den Eiszapfen in dem hohen Spielkasten, der im modisch-schicken Lila die Farbskala der Inszenierung bereichert: Eine Handlung in der Handlung, ein Trapezakt im Drama. Alles ist höchst konzentriert, aber bizarr, schön und erlesen, krampfig und intellektuell, und spannend nur insofern, als man beobachtet, ob der künstlerische Kraftakt auch zum Kunstakt wird und was dieser in bezug auf das Drama, auf den himmelschreienden Fall der Antigone und des Kreon, erbringt.

(Nel), in Sackgassen (Wendt) und szenische Kunst-Übungen mit einigen Funden (Rudolph). Trotzdem kennzeichnet das „Unternehmen Antigone" die Saison: Das Scheitern im Versuch, die politische Struktur des Augenblicks im Alten sichtbar zu machen, erbrachte die Unfähigkeit, den Protest zu prolongieren. War das Objekt falsch? Das Scheitern selbst wirft nur die Frage auf, wie das Drama, wie die Tragödie zurückzugewinnen ist.

(Günther Rühle in: Theater heute 5, 1979, 8 ff.)

VII. Literaturverzeichnis

Antigone, Theater der Jahrhunderte, mit einem Vorwort von *K. Kerényi.* Wien, München: Langen Müller ²1969, zit.: Kerényi.

Arndt, Margarete: Kurzgeschichten von Elisabeth Langgässer in Obersekunda. In: Der Deutschunterricht 10 (1958), S. 64 ff.

Barié, P.: „Vieles Gewaltige lebt" ..., Strukturale Analyse eines tragischen Chorliedes. In: Der altsprachliche Unterricht XIV, 4, 1971, S. 5 ff.

Bayr, R.: Delphischer Apollon. Salzburg: Residenz-Verlag 1966.

Beißner, F.: Hölderlins Übersetzungen aus dem Griechischen. Stuttgart 1933.

Eberlein, E.: Über die verschiedenen Deutungen des tragischen Konfliktes in der Tragödie ‚Antigone‘ des Sophokles. In: Gymnasium 68 (1961), S. 16 ff.

Diller, H.: Menschliches und göttliches Wissen bei Sophokles. Kiel 1950.

Moderne Erzähler, zusammengestellt und mit einem Nachwort versehen von *Dr. P. Dormagen.* Paderborn: Schöningh 1958.

Firges, I.: Anouilhs „Antigone" — ein Exempel der Pathologie oder der Metaphysik? In: Die Neueren Sprachen 72, Heft 11, S. 595 ff., zit.: Firges

Das Fischerlexikon, Literatur II/1. Frankfurt: Fischer Bücherei 1965, besonders die Artikel: „Dichter und Dichtung", „Dramatische Gattungen", „Literatursoziologie".

Flashar, H.: Die medizinischen Grundlagen der Lehre von der Wirkung der Tragödie in der griechischen Poetik. In: Hermes 84 (1956), S. 12 ff.

Fränkel, H.: Dichtung und Philosophie des frühen Griechentums. München: Beck 1962.

Frenzel, E.: Stoffe der Weltliteratur. Stuttgart: Kröner 1962.

Fritz, K. von: Antike und moderne Tragödie. Berlin: de Gruyter 1962, zit.: von Fritz.

Fuhrmann, M. (Hrsg.): Terror und Spiel. Probleme der Mythenrezeption. München: Fink 1971.

Georgiades, T.: Musik und Rhythmus bei den Griechen. Reinbek o. J. = rowohlts deutsche enzyklopädie 61.

Goth, J.: Sophokles Antigone. Interpretationsversuche und Strukturuntersuchungen. Diss. Tübingen 1966, zit.: Goth.

Hamburger, K.: Von Sophokles bis Sartre. Stuttgart: Kohlhammer 1962.

Jäkel, W.: Die Exposition in der Antigone des Sophokles. In: Gymnasium 68 (1961), S. 34 ff.

Jendreieck, H.: Bertolt Brecht. Düsseldorf: Bagel 1969.

Jens, W. (Hrsg.): Die Bauformen der griechischen Tragödie. Beihefte zu Poetica 6. München: Fink 1971, zit.: Jens.

Jens, W.: Antikes und modernes Drama. In: Eranion. Festschrift für H. Hommel. Tübingen: Niemeyer 1961, S. 43 ff. Zuletzt abgedruckt in: Statt einer Literaturgeschichte. Pfullingen: Neske ⁶1970, S. 81 ff.

Kitto, H. D. F.: Die Griechen. Stuttgart: Klett 1957, zit.: Kitto.

Lesky, A.: Die tragische Dichtung der Hellenen. Göttingen: Vandenhoeck & Ruprecht 1956.

Lesky, A.: Die griechische Tragödie. Stuttgart: Kröner 1968.

dtv-Lexikon der Antike, Band 3 und 4, 1969 und 1970, besonders die Artikel: „Musik", „Schauspieler", „Tragödie".

Melchinger, S.: Sophokles. Velber: Friedrich ²1969 = Friedrichs Dramatiker des Welttheaters 12.

Müller, G.: Sophokles Antigone (Kommentar). Heidelberg: Winter 1967, zit.: Müller.

Müller, G.: Sophokleische Theologie in der Tragik Antigones. In: Der Humanismus und die Auslegung klassischer Texte. Frankfurt: Diesterweg 1965.

Müller, G.: Überlegungen zum Chor der Antigone. In: Hermes 89 (1961), S. 398 ff.

Nack, E., Wägner, W.: Land und Volk der alten Griechen. Wien, Heidelberg: Ueberreuter 1955.

Patzer, H.: Die Anfänge der griechischen Tragödie. Wiesbaden: Steiner 1962.

Patzer, H.: Die Entstehung der griechischen Tragödie. In: Der altsprachliche Unterricht VII, 1, S. 5 ff.

Patzer, H.: Hauptperson und tragischer Held in Sophokles' ‚Antigone'. Wiesbaden: Steiner 1978.

Pohlenz, M.: Die griechische Tragödie. Göttingen: Vandenhoeck & Ruprecht ²1954.

Pohlenz, M.: Furcht und Mitleid? In: Hermes 84 (1956), S. 49 ff.

Reinhardt, K.: Sophokles. Frankfurt: Klostermann ³1947, zit.: Reinhardt.

Rösler, W.: Zweimal ‚Antigone': griechische Tragödie und episches Theater. In: Der Deutschunterricht 6, 1979, S. 42 ff.

Schreckenberg, H.: Drama. Vom Werden der griechischen Tragödie aus dem Tanz. Würzburg: Triltsch 1960.

Schadewaldt, W.: Hellas und Hesperien. Bd. 1. Stuttgart, Zürich: Artemis ²1970 (¹1960), zit.: Schadewaldt 1.

Schadewaldt, W.: Sophokles Antigone, übersetzt und mit erläuternden Aufsätzen, 1974, Insel-Taschenbuchreihe (i. Vorb.).

Schwinge, E. R.: Die Rolle des Chors in der sophokleischen ‚Antigone'. In: Gymnasium 78 (1971), S. 294 ff, zit.: Schwinge.

Simon, Erika: Das antike Theater. Heidelberg: Kerle-Verlag 1972 = Heidelberger Texte — Didaktische Reihe 5, zit.: Simon.

Sophokles: Ödipus, Antigone. Deutsch von *Friedrich Hölderlin,* eingeleitet von *Wolfgang Schadewaldt.* Frankfurt 1957, Fischer-Bücherei 162, zit.: Schadewaldt 2.

Sophokles: Antigone, übersetzt und eingeleitet von *K. Reinhardt,* Göttingen: Vandenhoeck & Ruprecht ³1961 = Kleine Vandenhoeck Reihe 116/117.

Sophokles: Antigone. Griechisch/Dt., hrsg. von *N. Zink.* Stuttgart: Reclam 1980.

Sophokles, hrsg. von *H. Diller.* Darmstadt: Wissenschaftliche Buchgesellschaft 1967 = Wege der Forschung XCV, zit.: WdF.

Voit, L.: Bild und Nachbild der antiken Tragödie. In: Gymnasium 74 (1964), S. 201 ff.

Zink, N.: Griechische Ausdrucksweisen für warm und kalt im seelischen Bereich. Diss. Mainz, Heidelberg 1962, besonders: S. 9, 20 und 26.

Grundlagen und Gedanken zum Verständnis des Dramas

Für den Schulgebrauch zusammengestellt. Herausgeberisch betreut von Hans-Gert Roloff.

Ältere Dramenliteratur

Aischylos, Die Perser. (D. Böer) 59 Seiten	(6357)
Büchner, Dantons Tod. (H. Ritscher) 75 Seiten	(6392)
Büchner, Leonce und Lena. (R. Kühn) 56 Seiten	(6411)
Büchner, Woyzeck. (H. Ritscher) 63 Seiten	(6393)
Goethe, Egmont. (R. Ibel) 68 Seiten	(6466)
Goethe, Faust I. (Neubearbeitung von H. Kobligk) 158 Seiten	(6360)
Goethe, Faust II. (H. Kobligk) 184 Seiten	(6358)
Goethe, Götz von Berlichingen. (R. Ibel) 67 Seiten	(6465)
Goethe, Iphigenie auf Tauris. (Neubearbeitung von G. Holst) 74 Seiten	(6467)
Goethe, Torquato Tasso. (Neubearbeitung von H. Kobligk) 79 Seiten	(6410)
Kleist, Der zerbrochne Krug. (R. Ibel) 63 Seiten	(6399)
Kleist, Prinz Friedrich von Homburg. (R. Ibel) 72 Seiten	(6400)
Lessing, Emilia Galotti. (W. Fischer) 79 Seiten	(6391)
Lessing, Minna von Barnhelm. (W. Fischer) 71 Seiten	(6390)
Lessing, Nathan der Weise. (H. Ritscher) 84 Seiten	(6380)
Schiller, Don Carlos. (R. Ibel) 64 Seiten	(6470)
Schiller, Die Jungfrau von Orléans. (R. Ibel) 76 Seiten	(6387)
Schiller, Kabale und Liebe. (R. Ibel) 75 Seiten	(6398)
Schiller, Maria Stuart. (R. Ibel) 67 Seiten	(6469)
Schiller, Die Räuber. (R. Ibel) 73 Seiten	(6468)
Schiller, Wallenstein. Wallensteins Lager, Die Piccolomini, Wallensteins Tod. (R. Ibel) 75 Seiten	(6389)
Schiller, Wilhelm Tell. (R. Ibel) 68 Seiten	(6388)
Shakespeare, Hamlet. (R. Flatter) 66 Seiten	(6386)
Skakespeare, Macbeth. (R. Flatter) 73 Seiten	(6385)
Sophokles, Antigone. (N. Zink) 86 Seiten, 2 Abb.	(6383)
Sophokles, König Ödipus. (N. Zink) 96 Seiten, 3 Abb.	(6384)

Diesterweg

Grundlagen und Gedanken zum Verständnis des Dramas

Für den Schulgebrauch zusammengestellt. Herausgeberisch betreut von Hans-Gert Roloff.

Neuere Dramenliteratur

Anouilh, Antigone. (W. Schrank) 66 Seiten	(6070)
Beckett, Warten auf Godot. (M. und G. P. Knapp) 78 Seiten	(6081)
Borchert, Draußen vor der Tür (B. Balzer)	(6087)
Brecht, Der gute Mensch von Sezuan. (G. Müller)	(6088)
Brecht, Der kaukasische Kreidekreis. (S. Mews) 116 Seiten	(6082)
Brecht, Furcht und Elend des Dritten Reiches (W. Busch)	(6090)
Brecht, Herr Puntila und sein Knecht Matti. (S. Mews) 100 Seiten	(6076)
Brecht, Das Leben des Galilei. (H. Knust)	(6084)
Brecht, Mutter Courage. (E. Haack)	(6089)
Dorst, Toller. (R. Taëni). 83 Seiten	(6077)
Dürrenmatt, Der Besuch der alten Dame. (S. Meyer)	(6080)
Dürrenmatt, Die Physiker. (G. P. Knapp) 59 Seiten	(6079)
Frisch, Andorra. (G. P. und M. Knapp) 52 Seiten	(6071)
Frisch, Biedermann und die Brandstifter. (G. Jordan) 55 Seiten	(6085)
Hauptmann, Der Biberpelz. (M. Machatzke)	(6086)
Hauptmann, Die Weber. (G. Schildberg-Schroth)	(6083)
Hofmannsthal, Jedermann. (H. Müller) 67 Seiten	(6366)
Horvath, Geschichten aus dem Wiener Wald (J. Hintze)	(6069)
Kipphardt, In der Sache J. Robert Oppenheimer. (F. van Ingen) 69 Seiten	(6078)
Sartre, Die schmutzigen Hände. (V. Sabin) 87 Seiten	(6365)
Shaw, Die heilige Johanna. (J. Hardin) 67 Seiten	(6075)
Sternheim, Die Hose. (J. Ukena) 74 Seiten	(6364)
Wedekind, Frühlings Erwachen (G. Pickerodt)	(6068)
Weiss, Marat/Sade. (G. Weinreich) 64 Seiten	(6074)
Zuckmayer, Der Hauptmann von Köpenick (S. Mews) 87 Seiten	(6363)
Zuckmayer, Des Teufels General. (S. Mews) 80 Seiten	(6367)

Diesterweg